제주 최초 민간 주도 관개수로 개척자

김광종

곤밥하르방

컬처플러스

|후손의 말|

김광종 할아버님의 발자취를
기록으로 남기며

중고등학교 시절.

서귀포시 안덕면 화순리는 밭들로만 이뤄진 제주의 여느 마을과는 사뭇 다른 모습이었다. 주말이나 방학에는 친척들과 함께 화순으로 향하곤 했다. 그곳엔 드넓은 논이 펼쳐져 있었다. 황개천 논두렁을 뛰어다니며 싱그러운 자연을 만끽하곤 했다. 할아버지와 지역 어르신들로부터 김광종 할아버님에 관한 이야기를 종종 들은 것도 그때쯤이다.

김광종 할아버님은 나의 5대조로 10년간의 관개수로 공사를 통해 창고천의 물을 황개천 부근 밭으로 끌어와 논을 일구신 분이다. 그 덕분에 화순리를 비롯한 타 지역민들은 제사 때 조상님께 쌀로 메(제사상에 올리는 밥)를 지어 올리고 가족들도 희고 고운 쌀밥을 먹을 수 있었다.

어린 시절 나는 쌀밥을 좋아했지만 5대조 김광종 할아버님 이야기는 전설처럼 아득하게만 들렸다. 세월이 흐르면서 그마저도 희미해져 갔다.

나는 대기업에서 수십 년 동안 일벌레로 살아왔다. 어떤 해는 꽃이 피는 줄도 모른 채 일에만 몰두하기도 했다. 좋아서 한 일이기도 하지만 그럴 수밖에 없었다. 내로라하는 스펙을 지닌 인재들과 함께하려면 조금 더 많은 시간과 노력을 쏟아야 했다. 덕분에 회사에서 빨리 자리를 잡을 수 있었고 업무에도 자신감이 생겨났다.

이 즈음 고향 안팎에서 나에게 무거운 직책이 주어졌다. 제주도양궁협회장을 비롯해 서울제주특별자치도민회장, 재외제주경제인총연합회장, 재외제주특별자치도민회총연합회장, 서울제주도민회장학회 이사장 등을 맡게 되었다. 모교인 제주대에서도 석좌교수와 한림회 회원으로 활동해 달라는 요청을 받았다.

처음에는 부담감이 컸으나 지나고 보니 나름대로 고향을 살리고 나를 돌아볼 수 있는 보람된 시간이었다. 멀리 떠나있던 고향을 가까이 할 수 있는 기회라 생각하며 제주 발전에 조금이나마 보탬이 되려고 노력했다.

평생 몸담았던 대기업에서 벗어나니 나름대로 여유도 찾을 수 있었다. 삶의 속도를 줄이자 흐릿한 기억 너머로 한 사람이 떠올랐다. 어릴 때 말로만 들었던 다름 아닌 '곤밥 하르방' 김광종 할아버님이었다.

생각이 깊어질수록 스스로에게 묻지 않을 수 없었다. 나는 고향을 사랑한다고 하면서, 정작 화순리 도채비빌레 동산에 비로 남아있는 김광종 할아버님에 대해서는 너무 무관심했던 것이 아니었는가?

아무리 변명을 하더라도 고향 제주를 사랑한다면서 조상을 돌아보지 않는 것은 온당치 않다.

김광종 할아버님은 논이 드문 제주에서 안덕계곡의 풍부한 수량을 이용해 화순리 황개천 일대를 광활한 논으로 일군 제주 최초의 민간 주도 관개수로 개척자이다.

1832년(순조 32년) 3월 나이 마흔 무렵에 관개수로 공사를 시작해 10년만인 1841년(헌종 7년) 9월 마침내 완공하는 데에 성공했다. 주변의 멸시와 조롱을 무릅쓰며 암벽을 깎고 바위를 뚫는 악전고투 끝에 이뤄낸 쾌거였다.

총연장 1,100미터(비석에는 670미터로 새겨짐)에 이르는 관개수로를 따라 안덕계곡 창고천의 물줄기가 황개천 부근 들판으로 스며들었고, 이윽고 메마른 땅은 논으로 변했다. 이후 논의 규모는 1만 평에서 5만 평으로 확대되었다.

도채비빌레에는 한문 비 말고도 김창진 사촌 형님이 제안해 세운 한글 비가 있다. 비문을 보면 마을 주민들이 향그러운 쌀을 먹을 수 있게 해준 김광종 할아버님을 전한시대의 태수 소신신에 비유하며 감사와 존경을 표하고 있다.

논 주인들의 모임인 화순리답회는 김광종 할아버님을 전조로 여겨 매년 5월경 이 도채비빌레에 올라 야제를 지내며 그의 공덕을 기렸다. 하지만 시간이 흐르면서 논 일부가 남제주화력발전소 부지로 수용되기 시작한 데다 쌀의 수익성마저 떨어져 농가들은 더 이상 논농사를 하지 않게 되었다. 화순리답회도 수년째 명맥만 유지하고 있는 상태다.

이대로 가다가는 김광종 할아버님이 새까맣게 잊혀질지 모른다는 생각에 조급함마저 밀려들었다.

김광종 할아버님은 자연의 역경을 극복하고 이웃과 더불어 살아간 분으로, 제주인이 지닌 강인하면서도 따뜻한 정신의 표상이라 할 수 있다. 이러한 개척정신과 지역 사랑은 오늘날에도 여전히 필요한 시대적 가치다.

누군가는 김광종 할아버님에 관한 이야기를 남겨야 한다는 생각에, 오랜 고민 끝에 한 권의 책으로 펴내기로 했다. 이 책은 김광종 할아버님의 관개수로 개척 이야기를 기억에만 머물게 하지 않고 기록으로 전하려는 후손의 소박한 마음이다.

김광종 할아버님을 기억하고 사랑해준 모든 분들께 감사드린다. 김광종 할아버님을 전조로 모시며 매년 제사를 지내온 화순리답회 관계자와 주민 여러분, 김광종 영세불망비 향토유형유산 제39호 지정을 도모한 화순리 마을회와 주민들, 한글 비석을 새롭게 건립하는 데 힘쓴 김창진 사촌 형님(5세손)을 비롯한 김광수 제주도교육감(6세손), 김상범 현대부품 사장(7세손) 등 친인척 여러분, 그리고 김광종길을 지정하고 김광종영세불망비를 향토유산으로 지정한 제주도 관계자, 김광종 할아버님의 관개수로를 따라 도막은소부터 도채비빌레까지 데크(나무계단)를 설치해준 서귀포시 관계자들에게 마음 깊이 감사의 말씀을 드린다.

이 밖에 제주 최초의 민간 주도 관개수로 개척자 김광종의 발자취를 널리 알리는 데 힘써준 언론인과 향토사가, 그리고 곤밥하르방 김광종의 정신을 되새기며 도채비빌레를 찾아주는 답사객과 시민 여러분에게도 고마움을 전한다.

더불어 이 한 권의 책이 '제주 최초의 민간 주도 관개수로 개척자 김광종'을 돌아보며 개척정신과 이웃사랑을 되새기는 계기가 되길 기원해 본다.

김광종 할아버님의 5세손
김창희

|저자의 말|

10년간 관개수로 개척한
작은 영웅의 '큰 물길'

2025년 5월 29일 서귀포시 안덕면 화순리에 들어섰다. 동행한 친구가 가게에 들른 사이, 폭낭(팽나무를 뜻하는 제주어) 아래에서 우연히 나이 지긋한 분을 만났다.

"혹시 화순리에서 관개수로를 개척해 논을 일군 김광종 어르신에 대해 아십니까?"

"저는 외지 사람이라 잘 모르지만, 마을 역사에 대해 잘 아는 분이 있습니다. 따라오시죠."

이분의 안내로 화순리 주민 지윤창 님을 만났다.

도채비빌레에 있는 김광종영세불망비(한문 비, 한글

비)에 대해 문답을 나누다가 깜짝 놀랐다. 지금 나와 대화를 나누는 분이 바로 1938년 김광종영세불망비에 찬讚을 한 고故 지혁중 선생의 손자였다. 게다가 1968년 한글비의 문장과 글씨를 쓴 고故 지동수 씨 아들이기도 했다. 운 좋게도 '임자'를 딱 만난 것이었다.

김광종 어르신(1792~1879)은 제주 최초의 민간 주도 관개수로 개척자이다. 한경면 저지리 출신의 그는 1832년부터 1841년까지 10년간 암벽을 깎고 바위를 뚫는 악전고투 끝에 670미터의 관개수로를 완공하고 창고천의 물을 끌어들여 광활한 논을 만든 주인공이다. 그 덕에 사람들은 제사와 일상에 사용할 귀한 쌀밥(곤밥)을 지을 수 있게 되었고 세월이 흐르면서 논은 황개천 일대 5만 평에 이르렀다. 이를 계기로 김광종 어르신은 지금도 '논하르방', '곤밥하르방'으로 불린다.

김광종 어르신의 생애와 업적은 두 기의 김광종영세불망비를 통해서 개략적으로나마 파악이 가능했다. 하지만 세부 자료나 관련 문헌이 부족해 막막하기도 했다. 그럴수록 사실과 의견이 섞이지 않도록 논문 형태의 인용 표시를 빌어가며 경계선을 그었다.

김광종 어르신의 막대한 관개수로 공사비 마련도 궁

금했다. 여러 문헌을 통해 김광종 어르신이 갓양태를 육지로 가져가 팔면서 수익을 올리고 내려오는 길에 제주에서 필요한 물품을 사고 와서 이문을 남겼다는 이야기를 접했다.

이를 좀 더 입체적으로 파악하기 위해 제주도를 만 193년 6개월 동안 '바다 위의 감옥'으로 만들었던 출륙금지령과 제주 특산물인 갓양태의 생산·유통·수익 구조까지 이야기를 확대해 보았다. 덕분에 자본 축적에 대한 궁금증이 많이 해소되었다. 그러던 차에 <화순리지>의 한 대목이 흥미를 끌었다.

"횡재수가 있어서였는지 한양에 당도하자마자 때마침 국상國喪이 났는데, 김광종金光宗이 가지고 간 양태는 그날로 부르는 것이 값으로 날개를 돋친 듯이 팔려나갔다.

김광종 어르신이 한양에서 국상이 나는 바람에 양태가 불티나게 팔려 많은 돈을 벌었다라는 이야기다. 과연 이 국상이 실제로 있었는지 궁금해졌다. 이를 추적해 보니 <화순리지>에 나오는 국상은 1830년(순조 30년) 5월 6일 향년 20세로 세상을 떠난 효명세자의 죽음이라는 추정이 가능했다.

조선의 세자와 제주의 한 상인이 나비효과처럼 연결되어 세자의 못다한 꿈 한자락이 화순리의 논으로나마 실현되는 것 같아 신비로움을 느끼기도 했다.

1938년 5월 화순리답회와 후손들은 김광종 어르신의 공덕을 기리기 위해 도채비빌레 동산에 김광종영세불망비를 세웠다. 1968년 4월에는 김창진 전 제주시장(김광종 어르신의 5세손)의 제안으로 기존의 한문 비를 번역한 한글 비가 화순리답회와 마을사람들에 의해 세워졌다. 한문 비(앞면)와 한글 비(뒷면)에는 "김광종 어른신의 공덕 功德으로 인해 주민들이 향그러운 쌀을 먹을 수 있다"며 김광종 어르신을 전한시대의 태수 소신신에 비유하는 문장이 새겨져 있다.

穿山引水 천산인수　漢西開始 한서개시
多費己財 다비기재　以裕後世 이유후세
食我香稻 식아향도　賴公德基 뇌공덕기
功擬召父 공의소부　歲祈田祖 세기전조

세월의 풍상 속에 논도 메말라갔다. 보기만 해도 배

불렸던 화순리의 논은 1977년 남제주화력발전소 건설 부지로 수용되기 시작하면서 줄어들었다. 이어 1980년 대 후반 비닐하우스 도입, 1990년대 쌀 수익구조 악화로 결국 대부분의 논은 밭으로 변했다.

더는 '곤밥'을 그리워하는 사람도 없다. 오히려 곤밥은 탄수화물이 많다는 이유로, 오래 못 산다는 이유로, 다이어트를 하는 사람이나 건강을 중시 여기는 사람들에겐 그야말로 찬밥 신세다.

하지만 김광종 어르신의 '애민'과 '개척'의 정신은 세월이 흘러도 영원하다. 무엇보다 관이 아닌 민간 주도로 관개수로 공사가 이뤄졌고, 제주 농촌사회에 변화를 일으켰으며, 화순리를 비롯한 제주인들에게 쌀로 메를 지어 제사상에 올리고 가족들과 '곤밥'을 먹는 행복을 가져다 주었다.

이 책은 김광종 어르신의 삶과 업적을 기억으로만 그치지 않고 기록으로 남기려는 5세손 김창희 (주)비엠아이 대표이사 회장(전 현대건설 부회장)의 소박한 뜻에서 출발했다. 김광종 어르신에 대해 집필할 수 있는 기회를 준 김창희 회장을 비롯해 언제나 든든한 힘이 되어 주시는 백명윤 전 제주특별자치도민회장, 인터뷰에 응해준 지윤창 님, 김창진 님(5세손), 양재현 전 안덕면주민자치위원회 위원장, 고완수 화순리답회 총무님 부부, 화순리 주민 이보성 님께 깊이 감사드린다. 그리고 답사길에 동행하며 제과점 옆에 주차해 절묘하게 지윤창 님을 만날 운명을 만들어준 김효용 비전헬퍼 대표, 문헌 조사에 도움을 준 조카 박다예, 정성으로 디자인을 완성한 고혜란 편집디자이너에게도 고개 숙여 감사드린다.

나이 마흔에 관개수로를 착공해, 집념과 불굴의 의지로 10년 만에 완공한 김광종 어르신. 그의 '애민'과 '개척'의 정신이 21세기 오늘 콘크리트와 같은 현실의 벽에 가로막혀 주저앉은 누군가에게 다시 일어설 '희망'과 '용기'가 되길 바란다. 아울러, 우리 지역 곳곳에 숨어 있는 '작은 영웅'들의 이야기가 계속 발굴되고 기록되기를 소망해 본다.

'김광종길'을 걸으며
강민철

차례

후손의 말 　　　　　　　　　　　　　　　　　　　4
저자의 말 　　　　　　　　　　　　　　　　　　　10

1부 밭을 논으로 만든 김광종

1%의 '제주 논' 　　　　　　　　　　　　　　　　21
그리운 곤밥 그리고 화순리 　　　　　　　　　　26
제주 첫 민간 주도 관개수로 개척자 김광종 　　29
'무모한' 관개수로 공사 　　　　　　　　　　　　41

2부 김광종 어르신과 효명세자

'바다 위의 지옥' 만든 출륙금지령 　　　　　　57
관개수로 공사 비용은 어떻게 조달했을까? 　　62
김광종 어르신과 효명세자 　　　　　　　　　　65
김광종 어르신의 수입원이었던 '양태' 　　　　　69
논을 만들어 준 대가 　　　　　　　　　　　　　77

3부 화순리답회와 김광종영세불망비

논 주인들의 모임 '화순리답회'   83
논 주인과 위탁재배 농가의 수익 배분   97
도채비빌레에 세워진 '김광종영세불망비'   100
더 나은 미래를 꿈꾸는 '김광종길'   111
제주의 김광종과 한나라 태수 소신신   116

4부 그 많던 논들은 어디 갔을까

'김광종 관개수로'에 흐르는 메세지   123
제주의 3대 수로 개척자   127
화순리의 마지막 논   132
김광종영세불망비와 관개수로 찾아가는 길   137

5부 증언

인터뷰_화순리 원로 지윤창 님   149
인터뷰_김광종 어르신의 5세손 김창진金昌辰 님   158
홍순만 칼럼(1978년 10월 12일 자 제주신문)   166
- 부록_김광종 가계도家系圖   170
- 참고문헌   172

1

밭을 논으로 만든 김광종

물이 잘 고이지 않는 화산섬 제주에서 논은 드물었다. 김광종 어르신의 눈에 바다로 흘러가는 창고천이 들어왔다. 10년간의 악전고투 끝에 관개수로를 완공해 논을 일구었고, 마침내 마을 사람들은 쌀밥을 먹을 수 있게 되었다.

1%의 '제주 논'

 제주도는 물이 잘 고이지 않는 화산섬이다. 땅속은 구멍이 숭숭한 현무암으로 되어 있어 육지 지방과 달리 비가 내려도 금세 스며들고 만다. 토양 또한 화산재로 이뤄져 있어 수분이 오래 머물지 못한다.

 이러한 자연 조건은 논농사를 거의 불가능하게 만들었다. 실제로 1990년대까지 제주도에서 논이 차지하는 경지면적은 1%대였다. (2020년 현재 0.02%에 불과하다) 육지에서는 논이 밭보다 많은 반면 제주는 그 반대였다. 논농사가 어렵다 보니 쌀은 구경하기 어려운 귀한 식량이었다.

 시간을 더 거슬러 올라가면 사정은 더욱 열악했다. 조선시대에는 쌀은커녕 보리조차도 재배가 힘든 환경이었다. 보리를 재배하기 어려웠던 지역에서는 조가 주된 식량작물이었다. 쌀과 보리의 자리를 조가 대신한 것이다. 그래서인지 제주에서는 '조'가 아닌 '좁쌀'로 불렸다.

좁쌀은 오메기술의 원료이자 오메기떡의 주재료로 활용되었고, 1970년대 초중반까지만 해도 많은 제주 가정의 '주식'이었다. 좁쌀은 제주의 척박한 농업 환경을 상징하며 제주인의 곤궁한 삶과 애환을 대변하는 작물이다. 보리쌀 9할에 좁쌀 1할을 섞으면 그럭저럭 먹을 수 있지만, 그 반대의 비율로 밥을 지으면 좁쌀이 까슬거리고 입안에서 흩어져 목으로 넘기기조차 어렵다.

1628년 제주로 유배를 와서 1635년까지 만 7년을 생활한 선조의 손자 이건은 그가 쓴 〈제주풍토기〉에서 "가장 괴로운 것은 조밥이고, 가장 두려운 것은 뱀이며, 가장 슬픈 것은 파도소리다"라고 토로했을 정도다.

그만큼 제주에서 쌀밥은 귀했고 쌀밥을 먹는다는 것은 로망이나 다름없었다. 예나 지금이나 제주도의 자연환경은 물을 머금고 유지하기 어렵기 때문이다. 제주에는 '내'라 불리는 하천이 있지만 대부분이 건천乾川이고, 현무암과 화산토는 수분을 오래 붙들어두지 못한다. 물이 머물지 않으니 논도 만들 수 없는 것이다.

그렇다고 제주에서 논농사가 아예 불가능한 것은 아니었다. 육지 지방과 비교할 규모는 아니었지만 제주에서도 논농사가 극히 제한된 지역에서 행해졌다. 습지가 형성된 분화구이거나, 지하에서 용천수가 솟아나는 곳이거나, 폭포와 계곡, 천川 같이 수량이 풍부한 인근 지역에서 소규모로 이뤄졌다.

대표적인 곳은 서귀포시 하논 평야(하논분화구)이다. 이곳은 약 5천 년 전 화산 폭발로 생긴 칼데라형 분화구로, 주변보다 지대가 낮고 점토질 화산재가 깊게 쌓여 있는데다 지하수가 잘 스며들지 않아 천연 저수지처럼 물을 가두는 구조를 이루고 있다. 제주에서 가장 먼저 논농사가 이뤄졌고 수량도 풍부했다.

〈제주도지〉(1925)에는 "하논은 예로부터 해마다 논농사를 지었던 곳으로, 해마다 물이 마르지 않았다"라고 기록돼 있다.

또 다른 논농사 가능 지역은 서귀포시 강정동이다. 1702년(숙종 28년) 제주 목사로 부임한 이형상이 제주도의 각 고을을 순회한 장면을 기록한 채색 화첩 〈탐라순력도耽羅巡歷圖〉가 이를 입증한다.

〈탐라순력도〉의 '고원방고'에는 서귀포시 용흥동 염

돈마을 등지에서 논농사를 지었던 것으로 표기되어 있다. 운랑천으로 추정되는 한자 水수, 畓답 표기와 함께 선을 그어 자그마한 구역을 특정하고 있다. 운랑천은 서귀포시 강정동의 한 자연마을인 염돈마을(용흥동)의 중심부에 있는 용천수다. 용흥동은 현재 법정상으로는 강정동에, 행정상으로는 대천동에 속한다. 이같이 논농사가 이뤄져 쌀을 수확할 수 있었던 강정은 제주에서 예로부터 '일 강정'이라고 불렸다. 최고의 마을이라는 뜻이다.

〈탐라순력도〉 '명월조점'에도 살포답㐘包畓이란 지명과 함께 논 표시가 되어있다. 이로써 한림읍 명월리에서도 논농사를 했다는 사실을 알 수 있다. 성城 안에서 솟아난 샘물을 사용한 후 바닷가 쪽으로 흘려보내 논을 형성했던 것으로 보인다.

이 밖에 안덕면 사계리, 대정읍 신도리, 한경면 고산리·용수리, 제주시 이호동·내도동·외도동·귀일동, 조천읍 선흘리, 성산읍 오조리·신흥리·고성리 등지에서 소규모 논농사가 가능했다.

요컨대, 1832년 이전 제주도에서 벼농사는 오직 물이 고이는 특정 저지대와 용천수 인근 지역에서만 가능했다.(우리역사넷, 2025)

이렇듯 제주도에서 벼농사를 조금이나마 할 수 있었던 곳은 자연적으로 물이 가둬지는 곳이었다. 그 밖의 지역은 화산섬 특유의 지질 탓에 물이 빠져나가 논을 만들 수 없었다.

이형상 목사는 1704년 그가 저술한 〈남환박물〉에서 농업과 관련해 제주의 "토질은 척박하고 백성은 가난하다"며 "대정현에는 약간의 논이 있었고, 정의현, 제주목에는 논이 매우 적었다"고 말했다. 조선 후기 제주 농업의 현실을 엿볼 수 있는 대목이다.

그리운 곤밥 그리고 화순리

 논농사가 어려워 쌀이 귀했던 제주에서는 쌀을 '곤쌀'이라 불렀다. 하얀 쌀이 곱게 보여 '곤쌀'이라 한 것이다. 그 쌀로 지어 희고 고슬고슬한 밥을 '곤밥'이라 불렀다. 곤밥은 제주인에게 귀하고 특별한 음식이었다.

 오늘날에는 전국적으로 쌀 생산이 늘면서, 쌀밥은 더 이상 특별한 음식이 아니라 누구나 쉽게 접하는 일상적인 주식이 되었다. 건강과 영양을 생각해 보리밥이나 잡곡밥을 즐겨 찾는 이들이 오히려 늘어날 정도다.

 하지만 1970년대까지만 해도 곤밥은 아무 때나 먹을 수 있는 음식이 아니었다. 제주어로 제삿날을 뜻하는 '식게'나 명절에나 겨우 맛볼 수 있었다. 철없는 아이들은 곤밥을 먹고 싶은 마음에 식게 날을 손꼽아 기다렸다.

어른들이라고 다르지 않았다.

화산섬 제주도의 자연은 걸보기에 아름답지만, 농사 짓기에는 혹독하다. 물이 고이지 않고, 화산토는 수분을 오래 붙들지 못한다. 논농사를 거부하는 땅이었다. 가혹하게도 제주의 자연은 밥상에 쌀밥이 올라오는 것을 허락하지 않았다.

그런데 1841년 어느 가을날 제주의 어느 마을에 기적 같은 일이 벌어졌다.

깊은 숲속의 계곡물이 메말랐던 땅으로 흐르고 그 물길 따라 밭이 논으로 바뀌기 시작했다. 이듬해 봄에는 모내기가 이뤄졌고 여름이 되자 푸른 벼가 쑥쑥 자라났다. 바람이 불면 황금 들판에 물결이 일어 저 너머 푸른 바다로 이어졌다.

제주도 서귀포시 안덕면의 바닷가 마을 화순리和順里의 이야기다. 제주도가 제주목, 대정현, 정의현으로 행정 구역이 나눠 있을 당시에 화순리는 대정현에 속해 있었다. 화순리는 제주도의 남서쪽에 위치한 마을이다. 동으로는 월라봉, 서로는 산방산, 북으로는 안덕계곡, 남으로는 바다와 인접해 있다. 안덕계곡의 물은 창고천을 거쳐 바다로 빠져나가 태평양에 이른다.

제주도의 남서쪽에 위치한 화순리는 논을 만드는 데 성공한 마을이다.

 이 물을 밭으로 끌어당겨 논을 만드는 데 성공한 것이다. 메말랐던 땅에 물이 가득 차고 시골아이 키보다 더 크게 자란 벼 줄기가 푸른 허공을 향해 손을 뻗었다. 제주도의 작은 마을 화순리가 몰라보게 달라졌다. 상전벽해桑田碧海가 따로 없었다.

제주 첫 민간 주도 관개수로 개척자 김광종

 밭농사를 주로 짓던 화순리가 본격적으로 논농사를 시작할 수 있었던 데에는 한 인물의 탁월한 결단과 실행력이 크게 작용했다. 그는 바다로 흘러가던 안덕계곡의 물 일부를 끌어들여 농토에 댈 수 있도록 10년이라는 긴 시간 동안 혼신의 힘을 다했고, 마침내 관개수로灌漑水路 건설에 성공했다. 이로 인해 무려 5만 평에 달하는 밭이 쌀을 생산할 수 있는 논으로 탈바꿈할 수 있었다.

 더욱 놀라운 점은 이 거대한 수로 공사가 관官이 아닌 민民, 즉 한 개인의 주도로 이뤄졌다는 사실이다. 그 주인공은 제주시 한경면 저지리 출신의 김광종金光宗 어르신이다.

 그는 정조 16년(1792년) 대정현 저지리에서 태어나 정조와 순조, 헌종, 철종, 고종에 이르는 격변의 시대를 살았다. 본관은 김해金海다. 젊은 시절에는 안덕면에 있었던 대정향교를 오가며 학문을 익혔다.

디지털제주문화대전에 따르면 김광종 어르신의 고향 저지리楮旨里는 당시 대정현에 속한 마을로 닥ᄆᆞᆯ 또는 닥ᄆᆞ르라 불렸다. 본래 이 지역에 닥나무가 많아 닥ᄆᆞᆯ, 닥ᄆᆞᆯ, 닥모르로 불렸을 것으로 추정되고 있다. 1914년 행정 구역 개편에 따라 옛 땅 이름 '닥ᄆᆞ르', '닥모르'는 저지리로 바뀌었다.

◈저지리 지명 유래◈

한경면 저지리의 저楮는 닥나무, 지旨는 마르를 뜻하는데, 닥ᄆᆞ르 또는 닥ᄆᆞ르의 훈을 한자어를 빌어 표기한 것이다. 다시 말해 닥나무 저楮에, '모로' '마르'의 한자 훈 표기인 지旨를 조합해 저지로 불렀다.
닥-->저楮, ᄆᆞ루(ᄆᆞ르)-->지旨
'저시리 향토지' 편찬위원으로 참여한 이 지역 토박이 강공수(80) 씨는 "저지리란 이름은 닥나무가 많은 마을이라는 뜻"이라며 "저지오름이나 저지예술인마을 등 저지리 곳곳엔 닥나무 군락이 흔하다"고 했다.(조선일보, 2024)
한경면 저지리는 1981년 제주도가 4개 지역(제주시,

북제주군, 서귀포시, 남제주군)으로 구분될 때에는 북제주군이었다가 이후 2006년 7월 1일 제주특별자치도가 출범하고 북제주군이 제주시로, 남제주군이 서귀포시로 통합되어 2개 행정시(제주시, 서귀포시) 구조로 바뀌면서 제주시에 포함되었다. 현재 저지리는 제주특별자치도 제주시 한경면에 속한다.

김광종 어르신은 대정향교를 마치고 30대 후반 영산강 지역을 비롯해 여기저기를 다니며 갓양태를 팔았다. 그러던 중 제주에서는 볼 수 없는 장면을 목격한다.

2001년에 발간한 〈화순리지和順里誌〉에 따르면, 김광종 어르신은 육지에서 제주 사람들보다 훨씬 가난한 이들조차 논이 있어 쌀밥을 먹는 장면을 보고 큰 충격을 받았다.

'왜 육지 사람은 쌀밥을 먹는데, 제주 사람은 못 먹는가? 어떻게 하면 우리 제주 사람들도 쌀밥을 배불리 먹을 수 있을까?'

그 당시 제주에서 쌀밥은 명절이나 제사 때에나 구경할 수 있는 귀한 음식이었다. 그것도 대부분 수도水稻(나록, 논벼)가 아니라 산도山稻(산디, 밭벼)로 지은 밥이었다.

'육지와 제주의 차이는 무엇일까? 논이 있느냐 없느냐의 문제 아닌가? 그렇다면 제주에 논을 만들면 쌀밥을 먹을 수 있는 게 아닐까?'

육지와 제주의 차이는 '논'의 유무라고 생각한 김광종 어르신은 이처럼 장사차 육지를 돌아다니면서 논에 대한 집념을 키워 나갔다.

고 김찬흡 향토사학자는 자신의 저서 〈제주사인명사전〉에 김광종 어르신이 "육지 사람들이 쌀밥을 먹는 것을 보고 우리 제주 사람들은 왜 쌀밥을 먹지 못할까 한탄하며 논농사를 짓는 방법을 궁리했다"고 서술했다.

실제로 김광종 어르신은 제주 특산품인 갓양태를 배에 싣고 육지 지방을 다니면서 물건을 파는 중간에 시간이 나면 논을 조성하기 위한 방법을 구체적으로 알아보기도 했다.

문영택 질토래비 이사장은 김광종 어르신이 "돛단배에 소와 말과 양태 등의 제주특산물을 실어 한경면 용수리의 지샷개 포구를 통해 전남 영산포 등지로 교역하러 오갔다"며 "교역 다니던 길에 호남 영산강 일대의 관개수로 개척 사례를 돌아보기도 했다. 그리고 육지에서 구입한 소금·쌀·포목 등을 제주에 실어와 팔아 몇 년 후 큰 부자가 되었다"고 밝혔다.

아마도 이 과정에서 자본을 축적하고 자신감을 얻은 김광종 어르신은 '제주 사람들도 육지 사람들처럼 쌀밥을 먹을 수 있게 하겠다'라는 일념을 더욱 굳게 가슴에 품게 된 것으로 보인다.

그러던 차에 김광종 어르신의 눈에 안덕계곡 창고천에서 용출된 상당량의 물이 바다로 흘러 들어가는 모습이 들어왔던 것 같다.

'저 물을 끌어당겨 논을 만들자.'

온통 논을 만들 생각뿐이던 김광종 어르신은 마흔 무렵 창고천의 물줄기를 바라보며 일생일대 굳은 결심을 하게 된다. 엄청난 수량의 물이 아무런 쓰임도 없이 바다로 빠져나가는 것이 못내 아까워 농업용수로 활용할 수 있는 방안으로 관개수로 개척에 나서겠다고 의지를 다지게 된다.

당시 김광종 어르신은 양태(갓양태) 장수로 육지를 여러 차례 왕래하는 동안 논을 만들려면 충분한 수량이 필요하다는 사실을 절감했다. 그런 생각에 육지 지방에서 번 돈으로 제주의 여기저기를 돌아다니면서 논이나 논이 될만한 땅을 조금씩 사들이기 시작했다. 그 가운데에는 안덕계곡 창고천의 하류인 황개천 인근 밭 몇 마지기도 포함되어 있었다.

김광종 어르신은 황개천 일대를 바라보며 봄에는 물이 가득 들어가고 가을에는 황금들판이 출렁이는 모습을 머릿속에 청사진처럼 그렸던 것으로 보인다.

황개천은 안덕면 화순리(번내) 610번지 일대로 바닷물과 민물이 만나는 지점, 곧 조간대潮間帶이다. 1653년에 편찬된 <탐라지>에는 한개大浦(대포), 18세기에 발간된 <제주읍지>에는 항포抗浦로 기록되어 있다. 마을사람들은 이 지역을 황개창, 황게창 혹은 항개창, 항게창 등으로 조금씩 달리 부르기도 한다.

문영택 질토래비 이사장에 따르면, 마을 사람들은 누런 물개가 나타난다 하여 황개창으로, 누런 깅이가 산란한다 하여 황게창으로도 불렸다고 한다.

김광종 어르신은 1832년 3월 마침내 관개수로灌漑水路

공사에 착수했다. 관개수로란 벼농사에 필요한 물을 논에 공급하기 위한 인공 수로로, 공사 규모와 난이도 모두 만만치 않았다. 오랜 시간에 걸쳐 진행된 이 대규모 토목 사업에는 상당한 비용이 들었을 것으로 보인다. 놀라운 점은 이 막대한 공사에 들어가는 비용을 사재私財를 털어 충당했다는 사실이다. 논을 만들겠다는 일념 하나로 전 재산을 아낌없이 쏟아부은 셈이다.

또한 김광종 어르신은 고향인 저지리에서 이곳까지 오가는 데 많은 시간이 걸리는 현실을 고려해 아예 황개천 변으로 거처를 옮기며 수로 공사를 본격화한다.

저지리와 황개천은 걸어서 한나절이 꼬박 걸리는 거리다. 한두 번은 다닐 수 있지만 매일 다니는 것은 어려웠다. 안덕면 황개천이 다소 낯설기도 했지만 논을 조성하는 일에 전념하며 공정을 효율화하기 위해서는 현장 가까운 곳으로 거처를 옮겨야 했다.

김광종 어르신은 황개천 근처 '세오래왓'(서귀포시 안덕면 화순리 423번지)에 움막을 지어 살면서 수로를 만들어 나갔다.

'세오래왓'이라는 지명 유래에 대해 양재현 전 안덕면주민자치위원회 위원장은 "김광종 어르신이 세를 내고 움막을 지어 오랫동안 지낸 밭이라는 의미에서 붙은 이름"이라고 설명한다. 왓은 제주어로 밭을 뜻한다.

이방인이 황개천에 들어와 수로를 만든다고 하자, 주변에서는 그를 실성한 사람으로 취급했다. 누구 하나 도와주는 이 없는 외로운 공사였다. 결국 그는 자신의 사재를 들여 석공 몇 명을 고용하고, 그들과 함께 묵묵히 수로 굴착에 매달릴 수밖에 없었다.

2001년에 발간한 〈화순리지和順里誌〉에 따르면 김광종 어르신이 관개수로 공사를 시작했을 때, 화순리 주민을 비롯한 대부분 사람은 실현 가능성이 없을 것으로 생각하며 협조하지 않았다. 그러면서도 황개천에서 들리는 돌 깨는 소리에 호기심을 참지 못해 공사 현장을 구경하러 오기도 했고, 이곳을 지나가는 사람 중에도 관심을 가진 이가 더러 있었다.

그중에는 "도저히 불가능한 일을 한다"며 "쓸데없이 돈 들이면서 이런 헛일을 하느냐"고 빈정대는 사람이 많았는데 김광종 어르신은 이들을 꾸짖으며 내쫓았다. 반면에 가까이 다가와 "참 장하십니다. 정말 훌륭한 일을 하십니다"라고 격려해 주는 사람들은 손짓으로 불러들여 푸짐한 술과 안주를 대접했다고 전해진다.

김광종 어르신이 개척한 관개수로와 논.

주변에서 자신을 미친 사람처럼 취급하는 걸 스스로가 모를 리 없었다. 그래서 김광종 어르신은 더욱더 고군분투孤軍奮鬪하지 않을 수 없었다.

김광종 어르신은 여느 사람과 마찬가지로 사람 냄새가 풀풀 나면서도 매사 성품이 긍정적이고 집념이 강했으며 열정이 넘쳤다.

　1841년 9월 마침내 세상이 놀랄만한 기적 같은 일이 일어났다. 제주도 중산간 안덕계곡의 암벽을 깎아내고 용암 바위를 뚫는 피땀 어린 노력 끝에 착공 10년 만에 드디어 관개수로를 완공한 것이다.

　김광종 어르신의 오랜 꿈이 드디어 현실로 이뤄지는 순간이었다. 정과 망치에만 의지한 채 온갖 고생을 견디며 주변의 외면과 비웃음을 이겨낸 끝에 일궈낸 그야말로 기적과 같은 값진 쾌거였다.

　완공된 수로의 길이는 670m이다. 도막은소에서 도채비빌레까지 직접 걸어보니 대략 1,000걸음 정도였다. 도막은소는 물의 입구를 막았다는 데서 붙여진 이름이라 할 수 있다. '도'는 제주어로 입구를 의미한다. 도막은소는 '보막은소'라고도 불린다. 도채비빌레를 지나서 논으로 연결하는 '골새' 구간까지 합치면 전체 길이는 1100미터에 달하는 것으로 전해진다.

　번내 일대 논은 처음 1만 평 정도에서 시작해 나중에는 5만 평으로까지 넓어졌다. (번내는 화순의 옛 땅 이름으로 '벗내'라고도 불렸다.)

　마을 사람들은 수확한 쌀로 메(제삿밥)를 지어 제사상

에 올릴 수 있었고 평소에도 가족들과 함께 곤밥을 먹을 수 있었다. 김광종 어르신이 불굴의 의지로 논을 만들어 '쌀밥'을 먹을 수 있게 해주었다고 칭송을 아끼지 않았다. 김광종 어르신을 논을 일군 개답자開畓者라 여기며 '논 하르방' '곤밥 하르방'으로 부르기 시작했고 한나라의 소신신에 비유하기도 했다.

10년이라는 시간 동안 자신을 희생하며 관개수로를 개척한 김광종 어르신은 1879년(고종 12년) 향년 87세의 일기로 세상을 떠났다.

그의 공덕은 훗날에도 오랫동안 기억되었다. 답주畓主들은 1932년 5월 5일 김광종 어르신의 공덕을 기리기 위해 도채비빌레 동산에 '김광종영세불망비金光宗永世不忘碑'를 세웠으며, 2010년 무렵까지 김광종 어르신을 추모追慕하는 별포제를 매년 올려왔다. 현재 도채비빌레 동산에는 1938년 5월 5일에 건립한 한문 비碑와 1968년 4월에 한글로 다시 세운 비碑, 이 두 기의 비가 나란히 서서 지금도 조용히 그의 뜻을 전하고 있다.

> 1792년(정조 16년): 김광종 어르신 탄생
> 1832년(순조 32년) 3월: 관개수로 착공
> 1841년(헌종 7년) 9월: 관개수로 완공
> 1879년(고종 12년): 김광종 어르신 별세(향년 87세)
> 1938년 5월: 김광종영세불망비 한문 비 건립
> 1968년 4월: 김광종영세불망비 한글 비 건립

◈김광종 어르신과 추사 김정희◈

김광종 어르신이 관개수로 막바지 공사에 전념하고 있을 때 한양에서 추사 김정희(1786~1856)가 대정골로 유배를 온다. 대정골은 번내(화순)에서 도보로 1시간 40분 내외의 거리로 가까운 마을이었다. 추사는 헌종 6년(1840) 9월 4일 위리안치형을 받아 다음 달인 10월 1일부터 헌종 14년(1848) 12월 6일까지 만 8년여간 대정골에서 유배생활을 이어갔다. 까다로운 입을 가지고 호기심도 많았던 추사가 '제자나 동네 사람들을 동해 관개수로와 논농사 성공 이야기를 듣지는 않았을까', '번내에서 수확한 쌀로 지은 밥을 맛본 것은 아닐까?' 길게 이어진 관개수로를 따라 걸으며 아득한 시간 너머로 상상의 여행을 떠나본다.

'무모한' 관개수로 공사

김광종 어르신이 1841년 9월 완공한 관개수로는 아직도 남아있다. 도막은소(보막은소)에서 시작된 관개수로는 도채비빌레를 거쳐 논 주변을 따라 남쪽으로 1,100미터 가량 이어진다.

약 10년에 걸친 대규모 관개수로 공사 덕분에 도채비빌레에서부터 황개천黃介川 인근 바닷가에 이르기까지 무려 5만여 평의 밭이 논으로 바뀌었다.

이 일대를 '큰케'라 한다. '큰케'는 '넓은 밭'이라는 뜻을 지닌다. 논이 넓게 펼쳐져 규모가 크다고 해서 붙여진 이름이다. 김광종 어르신이 피땀을 흘려가며 암벽을 깎고 바위를 뚫어 관개수로를 건설한 덕분에 이뤄진 인공적 논들이 넓게 펼쳐진 곳이다.

그렇다면 김광종 어르신은 어떻게 암반을 뚫는다는 발상을 하게 된 것일까?

대정현 저지리 출신의 김광종 어르신은 사계리에 위치한 대정향교를 오가며 부근에 위치한 산방산에 자주 들렀다.

이때 산방굴 천장에서 떨어지는 석간수를 보며 바위 속에서도 물이 솟는다는 사실에 착안해 암반을 뚫어 수로를 만든다는 '무모한' 발상을 했다고 전해진다.

논농사에서 물은 생명줄과 다름없다. 아마도 김광종 어르신은 논을 만들기에 적합한 땅을 고르다 대정향교에 다니며 보았던 황개천의 물줄기가 생각났는지도 모른다.

이와 관련해 김찬흡 향토사학자는 〈제주사인명사전〉에서 "마침 화순리 '벗내' 황개천 냇가에 사둔 땅도 있고 해서 (김광종 어르신이) 이 수로 공사를 계획하게" 되었으며 "황개천 위쪽의 '보막은 소'로부터 '도채비빌레' 사이의 석벽石壁에 수로를 뚫어 물을 대면 넓은 밭들을 모두 논으로 만들 수 있다고 판단한 것"이라고 밝혔다.

이어 김찬흡 향토사학자는 "(김광종 어르신이) 수로가 완성되면 물세를 받는 것으로 충분하다고 생각했다"고 덧붙였다.

　김광종어르신은 인부들과 함께 '도채비빌레'에서 '도막은소'까지 수로를 만들어 나갔다.

　일반적으로 이 공사가 도막은소에서 시작해 도채비빌레 방향으로 행해진 것으로 알려져 있지만 양재현 전 안덕면주민자치위원회 위원장은 "예전에 도채비빌레에서 시작해 도막은소까지 수로를 만들어 나갔다는 얘기를 들은 적이 있다"라고 말했다.

　하지만 실제 출발 지점이 어디였는지는 오늘날까지도 명확히 밝혀지지 않고 있다.

　어쨌든 김광종 어르신과 인부들의 손에 든 연장은 정과 망치, 삽, 곡괭이, 따비 등의 소박한 연장뿐이었다. 그럼에도 도채비빌레에서 도막은소까지는 절벽 바로 밑을 파내어 수로를 만드는 일이었기 때문에, 비교적 큰 어려움 없이 공사를 이어갈 수 있었다고 전해진다.

　그러나 진짜 난관은 '도채비빌레' 암반 구간이었다. 이곳을 뚫지 않고서는 남쪽 밭에 물을 보내겠다는 목표를 달성할 수 없었다. 단순히 암벽 아래를 깎는 것과는 비교할 수 없을 만큼 어려움이 큰 작업이었다. 도채비빌레 아래에 있는 거대한 바위를 뚫어야 하는 것이다.

지금처럼 드릴이나 돌 깨는 중장비가 있었던 시대가 아니어서 모든 공정을 수작업으로 할 수밖에 없는 노릇이었다. 그렇다고 돌 잘 깨는 유능한 장인이 곁에 있었던 것도 아닌 것 같다.

제주는 돌담 쌓는 사람이 많았다. 하지만 돌을 잘 쌓는다고 해서 돌을 잘 깬다고는 볼 수 없다.

제주의 돌창고 장인으로 알려진 홍의백 씨는 이러한 사실을 잘 설명해 준다. "돌 쌓는 사람이 돌도 깨카부댄 허는디 경 안허매. 돌은 쌓아도 돌 못 깨는 사람이 있고…"(제주의 소리, 2023)

돌 쌓는 사람이 돌도 깰 것이라고 생각하는 데 그렇지 않다는 얘기다.

이는 곧 김광종 어르신의 관개수로 공사가 고난도의 작업이었다는 사실을 말해준다.

〈화순리지〉에 따르면 "그러나 도채비빌레 절벽에 이르러 20여m가량 굴을 뚫는 작업이 난공사였다. 도채비빌레 바위덩어리는 백운모화강암층白雲母花崗巖層으로 단단하기가 이를 데 없어 정과 망치만으로 바위를 부수어 굴을 뚫는다는 것은 불가능했다."

지금까지도 암반岩盤 공사가 쉽지 않았지만 김광종

어르신은 정말로 제대로 된 난공사難工事에 부닥친 것이다. 보통 사람이라면 포기할까도 생각했을 것이다.

어떻게 하면 암반을 뚫고 물을 흐르게 할 수 있을까 밤낮으로 고민을 거듭하던 김광종 어르신은 온도차를 이용하기로 했다.

김광종 어르신은 부인에게 고소리 술을 독하게 빚게 한 후 그 술에 불을 붙인 다음 약간의 틈을 낸 바위틈에 부어 넣어 조금씩 깨뜨리면서 뚫어나갔다.(김찬흡, 2002)

고故 홍순만 향토사가는 〈제주신문〉 기고문에서 "그렇게 힘들던 암반 관통 공사가 그의 끈질긴 투지로 마침내 관철되었다"고 밝혔다.

하지만 암반을 뚫었다고 해서 관개수로 공사가 모두 끝난 것은 아니었다. 또 하나의 난제가 도사리고 있었다. 그것은 바로 도수로導水路 누수 현상이었다.

홍순만 향토사가는 기고문에서 "바위를 뚫은 여세를 몰아 목적지까지 700m나 되는 수로를 개척하기는 했지만 막상 물코를 이어본 결과 목적지에 이르는 사이 봇물은 거의 빠지고 말았다. 도수로를 다시 수정하고 봇물의 유하流下를 방지하는 일은 여간한 기술과 노력이 들지 않았다. 그러는 사이 또 여러 해가 지났다. 그러나 이 공사에 있어서 가장 어려운 난관으로 생각되었던 보마기 (봇물) 공사도 그의 끈질긴 노력으로 드디어 극복되었다"고 덧붙였다.

이처럼 수많은 악전고투 끝에 마침내 수로 공사는 마무리되었다. 안덕계곡의 물이 인공 수로를 타고 황개천 일대의 논밭으로 흘러들기 시작한 것이다.

양재현 전 안덕면주민자치위원회 위원장은 "당시의 관개수로 공사 상황을 증언하듯 도채비빌레 동산 인근에는 수로 공사 중 채취한 흙이 쌓여 만들어진 자그마한 흙더미가 아직도 남아 있다"고 덧붙였다.

제주의 땅은 구멍이 많은 현무암질이라 물을 가두기 어렵지만 다행히 황개천 부근은 물이 고이고 펄을 이루는 지형이라 논을 만들기에 적합했다.

김광종 어르신이 관개수로 개척공사를 착수하기 36년 전인 1696년 이미 황개천 인근 지역에는 천수답 형태의 논이 존재했다.

이곳에 삶의 터전을 마련한 제주 토박이 양수담梁遂淡은 바위틈에서 흘러내리는 샘물을 생활용수로 이용했고 창고천 하류에 있는 펄, 이 거친 습지를 개간해 1정보 규모의 논을 만들었다. (좀 더 구체적으로 말하면 퍼물을 이용

한 수답은 안깍 26필지 4,120평 정도이다)

이 논들을 일컬어 '퍼물논'이라 한다. 개흙이 쌓인 물, 즉 펄물에 형성된 논이라는 데서 유래한 이름이다. 퍼물논은 1980년대 초반까지 논농사가 지속되었다.

이처럼 황개천 인근에 부분적으로나마 천수답이 존재했던 것으로 보아 밭에 물이 공급되면 논으로 변할 가능성이 높았다. 김광종 어르신도 이 점을 간파하고 물이 빠질 걱정은 하지 않았을 것으로 보인다. 아닌 게 아니라 관개수로가 완공되고 물이 공급되자 밭들은 하나씩 하나씩 논으로 변하기 시작했다.

김광종 어르신이 처음에 개답을 할 때는 1만 평이었으나 점차 시간이 흐르면서 개답開畓 희망자가 많아져 5만 평으로 확대되었던 것으로 추정된다.

제주 역사문화 공유단체인 사단법인 질토래비는 "김광종은 지금의 17ha(5만여 평)의 논밭보다 더 많은 논을 개척하려 했으나, 화순리 서쪽 지경은 조상의 혈과 정기가 전해지는 곳이라 하여 더이상 확장할 수 없었다"고 전했다.(질토래비, 2021)

김광종 어르신의 불굴의 정신 뒤에는 조상을 숭상하고 지역을 사랑하는 마음이 깃들어 있었다.

◈10년의 공사 기간을 예상했을까?◈

김광종 어르신은 과연 암벽을 깎고 바위를 뚫으며, 이 일이 10년이나 걸릴 것이라고 예상했을까?

관개수로 공사를 시작했을 때 그의 나이는 마흔이었다. 불혹의 나이가 말해주듯 김광종 어르신은 흔들림이 없었다. 물론 수로 공사가 쉬울 것이라고는 생각하지 않았겠지만, 이토록 험난하고 지난한 길이 될 줄은 미처 짐작하지 못했을지도 모른다.

공사는 그의 나이가 쉰이 다 되어서야 비로소 마무리된다. 마치 하늘이 내려준 소명을 완수하듯 지천명의 나이에 이르러 가슴에 품은 큰 뜻을 실현해 냈다.

도막은소에서 도채비빌레로 이어지는 관개수로.
서귀포시 안덕면 화순리 황개천에는 김광종 어르신의 손때가 묻은 관개수로가 지금도 남아 있다. 당시 김광종 어르신은 1832년(순조 32년) 3월에서 1841년(헌종 7년) 9월에 이르는 9년 6개월 동안 관개수로를 만들어 밭을 논으로 만드는 데 성공했다.
관개수로 길이: 670m(연장 1,100여 m), 개답 면적: 5만여 평

안덕계곡 창고천에서
흘러 내려오는
물을 모아뒀던 도막은소.

김광종 어르신의 관개수로 개척으로 인해 밭들이 논으로 바뀌었다.
논은 점점 많아져 5만 평에 달했다.

도채비빌레를 지나 논으로 이어지는 관개수로.

2

김광종 어르신과 효명세자

제주도를 '바다 위의 감옥'으로 만들었던 출륙금지령이 해제되었을 때 김광종 어르신은 육지를 오가며 돈을 벌었다. 그 과정에서 '우리 제주사람들도 저렇게 쌀밥을 먹을 수 없을까' 하고 깊이 고민했다.

'바다 위의 지옥' 만든 출륙금지령

10년에 걸친 관개수로 공사에 투입된 인부들의 품삯이나 부대 비용 등은 어떻게 충당했을까?

이 질문에 답하려면, 먼저 약 193년 6개월간 제주도에 내려졌던 출륙금지령에 관해 먼저 이야기해야 한다.

오늘날의 제주는 국제 관광도시이자 노후에 살고 싶은 도시로 인식되지만, 조선시대의 제주는 자연조건이 매우 척박해 살기 어려운 섬이었다. 섬이라는 특징상 일단 먹고살 만한 것이 부족했다. 쌀, 보리가 거의 생산되지 않아서 잡곡 위주로 농사가 이뤄졌고, 태풍 등 자연재해도 잦아 어업도 쉽지 않았다.

게다가 감귤·전복·약재 등의 진상 때문에 과중한 공물을 부담해야 했으며, 목자(牧子, 우마 사육의 역에 종사하던 사람)·포작인(浦作人, 전복과 물고기 등을 잡아 진상하는 역을 맡은 사람)·잠녀(潛女, 해녀)와 같은 고된 역을 졌다. 경제적 여건이 좋지 못해 제주 백성들의 삶은 힘겨울 수밖에 없었다. 이에 터전을 떠나서 유망流亡하는 사례가 늘어났다.(우리역사넷, 2025)

고창석 전 제주대 교수에 따르면 성종 원년(1470)부터 굶주림에다 공물과 부역이 가중되고 관부의 수탈이 심해지자 이를 피해 전라도·경상도 연안에 정착한 제주인들이 늘어났다. 이들을 '두무악頭無岳'이라 불렀다.

이 바람에 제주목濟州牧, 대정현大鼎縣, 정의현旌義縣 등 제주의 인구가 급감했다.

인구가 줄자 군액軍額도 줄어들었다. 중앙정부가 가만히 있을 턱이 없었다.

급기야 중앙정부는 인조 7년 제주 섬사람들의 육지 출입을 전면 금지하는 '출륙出陸 금지령'을 내린다.

출륙금지령은 1629년(인조 7년) 8월 13일부터 1823년(순조 23년) 2월 24일까지 지속되었다. 이 때문에 2백년 가까이 제주도는 '바다 위에 떠 있는 감옥'이나 다름없었다.

〈조선왕조실록〉에는 이렇게 기록되어 있다.

제주에 거주하는 백성들이 유리流離하여 육지의 고을에 옮겨 사는 관계로 세 고을의 군액이 감소하자, 비국이 도민島民의 출입을 엄금할 것을 청하니, 상이 따랐다. (조선왕조실록 인조 7년 8월 13일 기사)

출륙금지령 관련 조선왕조실록
인조 7년 8월 13일 기사

제주인들이 육지의 고을로 떠돌아다녀 제주 세 고을(제주목, 대정현, 정의현)의 군액軍額이 줄었다는 이유로 비변사가 도민島民의 출입을 엄금할 것을 인조에게 청했고 인조는 이를 받아들였다는 이야기다.

출륙금지령으로 인해 제주인들은 꼼짝없이 평생을 섬에 갇혀 살아야 했다. 심지어 제주 여성이 육지 남성과 혼인하는 것까지도 금지했다.

이 같은 엄혹한 출륙금지령의 덕분이랄까. 지금까지

중세어의 특성을 지닌 제주어와, 제주 고유의 독특한 문화가 보존될 수 있었던 것은 다름 아닌 출륙금지령 때문이라는 역설적인 평가도 있다.

누구도 육지를 오갈 수 없던 시대, 유일하게 출륙이 허락된 제주인이 있었다. 바로 거상 김만덕(1739~1812)이다. 1793년 제주도에 대가뭄이 들자 전 재산을 풀어 민중들을 구제한 공로로 당시 임금인 정조는 출륙금지령을 깨고 김만덕에게 '의녀반수'라는 직위를 내리며 한양행을 허락했다. 하지만 이는 극히 예외적인 일이었다.

당시 제주에서 배가 육지로 나갈 수 있는 포구는 화북 포구와 조천 포구뿐이었는데, 그마저 배가 나갈 때는 진鎭을 지키는 자들이 출선기와 대조하면서 몰래 출륙하는 자들을 가려냈다. (제주일보, 2024)

육지로 나가는 것은 불가능한 일이었다. 돛배를 타고 서해, 동해, 중국해를 누비며 자유인으로 살던 제주인들은 대부분 발이 묶인 채 살아야 했다. 제주를 해상 감옥으로 만들었던 출륙금지령은 시행된지 193년 6개월만인 1823년 2월 24일 제주에 위유어사慰諭御使로 내려왔던 조정화趙庭和의 청으로 비로소 풀리기 시작한다.

섬의 남녀가 내지內
地와 왕래하며 혼인
할 수 있게

_중략_

아리니 묘당으로 하
여금 품처稟處하게
하였다.
(조선왕조실록 순조
23년 2월 24일 기사)

출륙 허용을 알 수 있는 조선왕조실록
순조 23년 2월 24일 기사

당연한 귀결이라 할 수 있는 이 해제 조치는 제주인들에게 단순한 제도 변화가 아닌 이동권移動權의 회복이자 경제활동의 확장을 의미했다.

비로소 김광종 어르신도 육지 지방을 왕래하며 교역을 할 수 있게 되었다.

관개수로 공사 비용은 어떻게 조달했을까?

　제주를 '바다 위의 감옥'으로 만들었던 출륙금지령이 풀리던 해, 김광종 어르신은 서른하나의 혈기왕성한 청년이었다.

　향교 수학을 마친 그는 이내 장사에 나섰다. 단순한 행상이 아니라 교역이었다. 제주의 특산물을 육지 지방으로 가져가 팔고, 돌아오는 길에 그 수익금 일부로 다시 귀한 물품을 제주로 들여와 판매하는 방식이었다.

　출륙금지령이 해제된 1823년 무렵부터 수로 공사에 착수한 1832년까지 약 9년은 김광종 어르신에게 황금기와 같았다. 육지를 다니며 왕성하게 상거래를 벌였고, 이를 통해 수익을 올리고 자산을 축적했다.

　그가 주로 다룬 품목은 제주특산물인 양태凉太였다.

이 밖에도 말총이나 우마를 취급했다고 전해오지만 가장 큰 수익을 낸 것은 단연 양태였다. 당시 양태는 총모자와 함께 제주 주민들의 큰 수입원이었다. 제주의 양태와 총모자, 망건, 탕건 등은 육지 지방에서 명성이 높아 고가에 거래되었다.

특히나 양태에 구름 문양이나 壽수, 福복과 같은 상서로운 글자를 새겨 넣은 제품은 일반 양태보다 세 배 이상 비싸게 팔렸다고 한다. 오늘날로 치면 '명품'에 해당하는 고부가가치 상품으로, 일반 양태에 비해 이문도 훨씬 많이 남았다.

당시 제주에서는 양태와 총모자가 분업 형태로 제조되었다. 이후 제주에서 생산된 양태와 총모자는 경남 통영에서 하나로 조합되는 과정을 거쳐 비로소 갓으로 완성되었다.

김광종 어르신(1792~1879)의 교역 형태는 조선 후기 제주의 여자 거상 김만덕(1739~1812)의 중계무역과 다소 흡사하다. 대정현에서 거주했던 김광종 어르신도 어릴 적부터 제주목에서 전설처럼 회자되던 김만덕의 행적을 익히 소문으로 들어 알고 있었을 것으로 보인다. 더욱이 두 사람 모두 김해 김씨다.

김만덕이 세상을 떠난 1812년은 김광종 어르신이 갓 스무 살 되던 해다. 세상 물정을 알아가던 시기에 그는 이미 제주 너머 한양에까지 이름을 떨친 김만덕의 중계무역으로부터 간접적 영향을 받았을 가능성이 높다.

김만덕이 출륙금지령으로 인해 평생 제주에 머물며 중계무역을 이어갔다면, 김광종 어르신은 출륙이 허용되자 육지로 직접 건너가 활발히 교역을 펼쳤다. 교역의 무대는 제주냐 육지냐로 달랐지만, 특산품을 팔아 이문을 남기고 다른 물품을 구입해 수익을 극대화하는 교역의 방식은 어딘지 모르게 닮아있다.

무엇보다 두 사람 모두 제주의 지역 경제를 이끌고, 축적한 자산을 사회에 환원한 인물이라는 점에서 공통점을 지닌다.

김광종 어르신과 효명세자

 이른바 양태 교역을 통해 자산을 축적한 김광종 어르신의 상업 성공에는 흥미로운 일화 하나가 전해진다. 그의 사업 번창에 관한 궁금증이 풀리는 대목이기도 하다. 입에서 입으로 전해져온 이 이야기는 <화순리지>에 비교적 상세히 소개되어 있다.

> 김광종金光宗 어르신이 한번은 양태를 팔기 위하여 육지로 나가고자 배를 탔는데, 자신처럼 양태를 파는 장사꾼들을 만났다. 같은 물건을 취급하는 장사꾼들끼리 서로 수작을 나누다 보니 친숙하게 되었다. 이야기를 나누다가 다른 양태 장수들이 똑같은 품목을 가지고 같은 제주 사람들끼리 다투며 고생할 필요가 있느냐며 김광종金光宗에게 자신들이 가지고 나가는 양태를 모두 사버리라는 제의를 하였다. 양태 장사만큼은

자신을 갖고 있는 김광종金光宗인지라 흔쾌히 흥정하고 다른 장수들의 양태를 모조리 거두어 짐꾼을 빌어 한양으로 운반하였다. 다행스럽게도 횡재수가 있어서였는지 한양에 당도하자마자 때마침 국상國喪이 났는데, 김광종金光宗이 가지고 간 양태는 그날로 부르는 것이 값으로 날개를 돋친 듯이 팔려나갔다. 당시 나라에 국상國喪을 당하면 모든 백성은 상복 차림을 하는데, 남자는 필히 흰 갓을 써야만 했다. 그러나 평소 흰 갓을 준비하지 못했던 한양 백성들에게 김광종金光宗의 양태야말로 시기를 잘 맞춘 상품이었다. 김광종金光宗은 뜻밖에 양태 장사로 큰돈을 벌게 된다.

〈화순리지〉에 나오는 국상은 시기적으로 효명세자(1809~1830)의 죽음일 가능성이 높다.

효명세자는 준수한 외모와 탁월한 학식, 정치적 감각을 고루 갖춘 인물로 1827년(순조 27년) 2월 시간이 갈수록 건강이 나빠지는 순조로부터 대리청정을 명받아 4년간 직접 국정을 주도했다. 그런데 3년 뒤인 1830년

(순조 30년) 5월 6일 병약한 부왕을 대신해 국정을 이끌던 효명세자는 향년 20세의 젊은 나이로 갑작스럽게 세상을 떠나고 만다.

곧 새로운 군주가 될 것으로 기대를 모았던 효명세자의 요절은 조정과 왕실은 물론 백성들에게도 큰 충격을 안겨 주었다. 국상 소식은 한양을 비롯해 조선 전역으로 퍼져 나갔고, 온 나라에 애도의 물결이 일었다. 역사 학자들은 그의 죽음이 역사적으로 조선이 안정적이고 굳건하게 나아갈 수 있는 디딤돌을 잃은 사건이라며 아쉬움을 표명한다. 아닌 게 아니라 효명세자의 죽음 뒤로 조선의 역사는 점차 기울기 시작한다.

국상 기간 동안 한양의 남성들은 흰 갓을 반드시 착용해야 했다. 하지만, 이를 평소 준비해 둔 이들은 드물었고, 이로 인해 양태의 수요는 폭발적으로 늘었다. 김광종 어르신은 이 절묘한 시기를 놓치지 않고 막대한 수익을 올릴 수 있었다. 일종의 '국상 특수'를 맞은 셈이다.

바다를 사이에 두고 천 리나 떨어진 한양 궁궐과 제주 화순리. 그 먼 거리에도 불구하고 효명세자의 요절은 뜻밖에도 제주의 농업사에 중대한 전환점을 가져왔다. 양태 교역을 통해 김광종 어르신이 쌓은 자산이 훗날 관개수로 공사의 귀중한 밑거름이 되었기 때문이다.

부국강병과 왕권 강화를 꿈꾸던 젊은 세자의 이상이 비록 죽음과 함께 사라진 듯 보였지만, 백성을 향한 그 꿈의 한 자락이 천 리 떨어진 제주 화순리에서 실현되었다. 임금의 손길이 미치기 어려웠던 변방의 섬마을 백성들이 스스로 논을 일구고, 마침내 쌀밥을 먹을 수 있게 된 것이다.

평소에 서로 아무 관련도 없어 보이는 일들이 때로는 전혀 예기치 못한 방식으로 연결되어 사람의 운명과 지역의 미래를 바꿔놓는 모습은 실로 놀랍고 신기하다. 효명세자와 김광종 어르신, 한양 궁궐과 화순리 마을은 어쩌면 보이지 않는 운명의 끈으로 이미 오래전부터 이어져 있었는지도 모른다.

김광종 어르신의 수입원이었던 '양태'

　김광종 어르신의 주요 수입원이었던 '양태'는 과연 무엇일까?

　양태는 우리가 TV 사극에서 자주 보는 갓의 일부로 햇빛을 가리는 부분, 즉 '챙'에 해당한다. 원통형으로 솟아 있는 부분은 '총모자'라고 한다.

　양태는 '갓양태'라고 한다. 제주에서는 '양대'라고 불리기도 했다. 흔히 집이나 마을 주변에서 군락을 이루며 무성하게 자라던 대나무, '족대'가 갓양태의 원재료였다. 이를 가늘게 쪼개고 깎는 등 여러 단계를 거쳐 만든 대오리를 가공해 갓양태를 제작했다. 반면 총모자는 말총이 주재료다.

　사극에서 자주 등장하는 선비의 갓, 보부상의 패랭

이, 무인의 삿갓 등은 모두 갓의 다양한 형태다. 갓은 크게 삿갓 모양의 '방갓형'과 우리가 익히 아는 갓(흑립) 모양의 '패랭이형'으로 나뉜다. 방갓형에는 삿갓, 방갓, 전모 등이 있으며, 패랭이형은 초립, 흑립, 전립, 주립, 백립 등이 포함된다. 우리가 보통 갓이라고 할 때는 선비들이 주로 쓰고 다니는 챙이 넓은 갓, 흑립을 말한다.

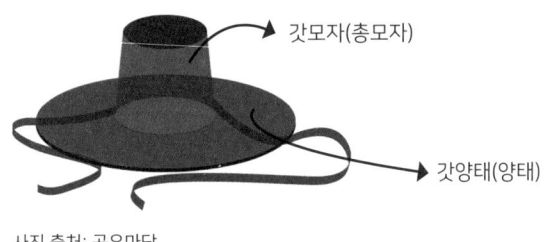

사진 출처: 공유마당

그렇다면 갓은 어떠한 부품으로 구성되었을까? 그리고 갓양태는 어떤 재료와 도구를 통해 만들어졌을까? 제주도에서 발간한 〈제주의 문화재〉는 이에 대한 궁금증을 상세히 해결해준다.

> 갓은 갓양태와 갓모자로 나누어진다. 갓 밑 둘레 바깥으로 넓게 바닥이 된 부분(우리가 '챙'이라고 부르는 부분)을 갓양태라 한다. 이를 줄여서 '양태', '갓양'이

라고도 했다. 제주에서는 '양대'라 부르기도 했다. 또 갓양태 위의 머리에 씌워지는 부분이 갓 모자인데 '총모자'라고도 하며 이를 줄여서 '모자'라 이르기도 한다. 갓양태의 재료는 대오리이고, 갓모자의 재료는 말총이다.

갓양태를 겯는 대나무는 제주도산을 썼다. 제주도에서 자라는 대나무가 부족하자, 광복 직후까지도 일부러 배를 동원해서 경상남도慶尙南道 하동河東과 진주晋州 등지에서 분죽이란 대나무를 실어와서 수요자에게 나누곤 했다.

갓양태를 겯는 데 쓰이는 연장 중 대표적인 것은 '양태판이'다. '양태판이'는 벚나무나 느리나무의 널빤지로 만들어진 직경 28cm쯤의 정단형正丹形인데 '텅에' 위에 얹어 갓양태를 겯는다.

우리나라의 갓은 제주도와 통영·거제도 사람들이 주로 겯어왔다. 통영이나 거제도에서는 남성들이 갓양태나 갓모자 겯기를 주로 담당해 왔는데, 제주도의 갓 겯기는 모두 여성들의 몫이었다.

갓양태의 제작은 결코 쉬운 일이 아니다.

〈제주의 문화재〉에 따르면 이 작업은 크게 두 단계로 나뉜다.

하나는 대나무를 쪼개고, 다듬고, 삶고, 말려 실처럼

가느다란 대오리를 만드는 일이다. 또 하나는 그 대오리에 수작업을 더해 갓양태를 겯는 일이다.

> 대오리를 만드는 일도 꽤 번거롭다. 우선 대 마디와 마디 사이를 톱으로 동강치고, 두어 차례 쪼개고 나서 불필요한 속 부분은 떼어 없앤다. 걸껍질만 솥에 넣고 재에 섞어서 아홉 시간쯤 삶는다. 삶은 대를 '속튼대'라 하며, 볕에 말리고 보관해 두었다가 쓴다. '속튼대'를 도화지 두께 정도로 얄팍하게 훑어 다듬고는, 0.5mm 정도의 간격으로 칼금을 내어서 한 가닥씩 잡아당기면 실오라기처럼 가느다랗게 쪼개어진다. 그다음에 세 가지 과정을 거치면서 갓양태를 겯는다. 첫째는 '쌀'이라는 날대를 실로 엮는 일이요, 둘째는 나선형으로 겯는 일이며, 셋째는 '빗대'를 비스듬히 꽂는 과정이다.

갓양태를 만드는 일은 힘든 일이었지만 척박한 환경에서 살아야 했던 제주인들에게는 돈을 벌 수 있었던 귀한 수입원이자 희망이었다.

이 사실이 제주에서 전승되는 민요 가사에 잘 나타나 있다.

내 동침아 돌아가라 / 서울 사람 술잔 돌 듯 /
어서 재개 돌아가라 / 이 양태로 큰 집 사고 /
늙은 부모 공양하고 / 어린 동생 부양하고 /
일가친척 *고적하고 / 이웃사촌 부조하자.

*고적: 장례 때 부조로 드리는 떡이나 쌀 　　　(김영돈, 1965)

갓양태 일은 지난날 제주인들의 중요한 소득원이었다. 농한기 또는 밤에 부업으로 갓양태와 갓모자를 결어 가계에 보탰다. 고된 양태 일을 하면서도 돈을 벌 수 있다는 희망을 잃어버리지 않았다.

돈을 버는 목적도 소박하다. 혼자 잘살자는 게 아니라 부모 형제, 일가친척, 이웃사촌 모두 도우며 살고 싶다는 제주인들의 맑은 심성이 구슬픈 노랫말에 실려 흘러나온다.

제주의 여자아이들은 6~7살 어릴 적부터 갓과 망건, 탕건 일을 배웠고 특유의 부지런함과 강인함으로 머리카락만큼이나 가는 말총과 대오리를 섬세한 손길로 엮어 질 좋은 관모를 생산해냈다.(연합뉴스, 2024)

이렇게 제주에서 생산된 갓양태는 육지의 통영 등지로 올라가 총모자와 조합되어 완성품인 '갓'이 되었고, 전국으로 유통됐다. 제주가 '부품'을 만들고 통영이 '조립'을 하는 식이었다. 이러한 생산-조립 구조를 빗대어 당시에는 "재주는 제주 사람이 부리고, 돈은 통영 사람이 번다"는 말도 회자됐다.

김광종 어르신은 제주 어디에선가 만든 양태를 조천, 화북 등의 항포구를 거쳐 통영과 예산 등 육지 지방으로 가져가 팔았다고 전해진다. '물 건너온' 제주산 양태는 총모자와 함께 명성이 높았고, 이는 김광종 어르신의 사업 기반이 되었다.

그렇다면 김광종 어르신이 살던 1800년대의 갓양태 생산 규모는 얼마나 되었을까? 이 시기의 정확한 통계는 없지만, 다음 두 가지를 근거로 생산량이 상당했음을 짐작할 수 있다.

첫째, 1700년대 후반 출륙금지령이 있었음에도 중계무역으로 부를 이룬 거상 김만덕의 주요 판매 품목 중 하나가 바로 '양태'였다.

둘째, 〈제주의 문화재〉에 따르면 1925년 제주에서는 13,700호가 갓양태 겯기에 종사했고, 1930년 한 해에만 갓양태 175,600개, 갓모자 83,770개가 생산되었다.

1925년도의 제주 인구는 208,331명이다.(조성윤, 2005) 그리고 1910년도 제주인구는 126,028명, 호수는

양태는 김광종 어르신의 주 수입원이었다.
사진은 장인이 양태 살을 엮어 만드는 모습.

사진 출처: 공유마당

31,751명으로, 호당 인구수는 4명가량이다. 이를 기준으로 추정해보면 1925년대의 호수는 5만 호가량이었던 것으로 파악된다. 따라서 1925년 당시 제주도 내에서 갓양태 겯기에 종사하던 호수戶數가 13,700호였다는 〈제주의 문화재〉 통계는 그 당시 열 집 가운데 두세 집 정도가 갓양태 겯기에 종사했다는 사실을 말해준다.

이 두 가지를 근거로 볼 때 1700년대 후반과 1900년대 전반 중간쯤에 해당하는 1800년대는 제주 지역에서 양태 생산이 꾸준했을 것이라 짐작된다.

그러나 김광종 어르신이 세상을 떠나고 10여 년이 흐른 1896년(고종 33년) 1월 1일 양력 사용 시작과 함께 단발령이 강행되고 상투가 사라지면서 갓양태 겯기는 점차 사양길로 접어들었다. 이후 20세기 근대화와 함께 전통 관모의 수요는 급감했고 양태 겯기는 일부 기능보유자들에 의해 전승되는 전통 기술로 남게 되었다.

2024년 현재 제주의 갓양태 제조 전통은 고 강군일(1883~1952) 선생, 고 고정생(1907~1992) 선생, 장순자(1940~) 선생, 그리고 양금미(1976~) 이수자까지 4대째 이어지고 있다. (연합뉴스, 2024)

논을 만들어 준 대가

김광종 어르신은 10년에 걸쳐 관개수로를 만들고 논을 만들어주는 대가로 무엇을 받았을까?

이에 대해 화순리 주민 지윤창 님(1938년 한문 비에 찬讚을 한 고故 지혁중 선생의 손자)은 "대가를 전혀 받지 않은 것으로 알고 있다"고 말했다.

"김광종 어르신은 대가를 받지 않았다고 전해 들었다. 논이 생기면서 논 주인들로 구성된 답주회가 만들어졌고 이를 이끌어갈 임원들이 구성되었던 갈다. 물 관리는 수감을 채용해 물 조절과 배분을 맡겼다. 수세는 탈곡하기 전에 볏단 상태로 받았다. 김광종 어르신도 황개천 쪽에 이미 밭을 사둔 터라 논을 가지고 영농을 직접

했다. 그러나 공사 기간에는 화순에 머물렀지만 나중에는 고향인 저지와 화순을 오간 것으로 보인다. 그 거리가 짧지 않고 중간에 곶자왈이 있어 불편했다. 이로 인해 김광종 어르신도 자신의 논을 다른 사람에게 경작 맡겼던 것 같다."

반면 <화순리지>에는 다음과 같이 서술되어 있다.

> 이렇게 대역사大役事는 만난萬難을 무릅쓰고 10년만에 완공을 보았지만 도채비빌레 남측에 밭을 가졌던 전주田主들 중에 대부분이 밭을 논으로 개답하기를 꺼려했다. 이와 같이 개답開畓을 기피한 원인은 김광종이 물값으로 그 밭의 3분의 1을 내놓아야 물을 대주는 계약 때문이었다. 김광종金光宗은 대역사大役事를 해놓고도 개답開畓 희망자希望者가 많지 않자 관리官吏에게 위임委任하여 강제強制로 개답開畓하도록 함으로써 큰 이권利權을 관리들에게 넘겨주고 말았다.

이어 <화순리지>는 정작 김광종 어르신 소유의 논은 매우 적었으며, 대역사로 말미암아 가산마저 탕진되어 후손들이 어렵게 살았다고 전하고 있다.

김광종金光宗은 이후 얼마 없어서 운명하였는데, 정작 본인의 답畓은 열댓 섬 굽밖에 못 가졌다고 전해진다. 김광종金光宗의 사후死後 명월明月 양씨梁氏와의 사이에 재산 싸움이 벌어져 열두 등(12차례를 말함) 송사訟事를 하였고, 설상가상雪上加霜으로 김광종金光宗의 집안에 분란紛亂이 일어 큰 타격을 받는 바람에 재산이 멸실했다고 그 후손들은 전하고 있다. 김광종金光宗의 6세손世孫 김창진(金昌辰, 前 濟州市長)은 선조先祖가 사재私財를 털어 대역사大役事를 했었기 때문에 가산家産이 모두 탕진蕩盡되어 후손들은 오랫동안 가난하게 살면서 숱한 고생을 했다고 안타까워한다.

끝으로 <화순리지>는 김광종 어르신이 지역경제에 큰 영향을 미쳐 마을사람들이 공덕을 기리고 있다고 덧붙인다.

> 160년 이상 그의 은덕으로 인해 이 지역 사람들은 경제적으로 많은 혜택을 누려 왔음이 사실이다. 그리고 세월을 거듭할수록 김광종이 해낸 대역사는 찬란히 빛나 그 공덕을 기리고 있다.

10년간의 대공사에 사재를 쏟아부은 김광종 어르신이 훗날 개답 비용을 받았는지, 받지 않았는지는 구전이

엇갈리고 명확한 사료가 없어 단정하기 어렵다.

그러나 분명한 사실은 온갖 악전고투 끝에 관개수로를 완성하고 논을 조성했음에도 불구하고, 정작 본인이 소유한 논은 많지 않았다는 점이다.

특히, 화순리답회에서 그의 공덕을 기리기 위해 비를 세웠고, 그를 전한 시대의 태수 소신신에 비유했으며, 분주한 농촌의 일상 속에서도 마을 사람들이 수십 년간 매해 야제野祭를 올려왔다.

이러한 사실은 무엇을 의미하는 것일까?

후세 지역민들이 김광종 어르신을 어떻게 기억하고 평가해왔는지를 보여주는 방증이라 할 수 있다.

3

화순리답회와 김광종영세불망비

화순리답회는 김광종 어르신의 공덕을 높이 기리며 한나라 태수 소신신에 비유했다. 도채비빌레에는 화순리답회와 김광종 어르신의 후손들이 함께 세운 김광종영세불망비 2기(한문 비, 한글 비)가 나란히 서 있다.

논 주인들의 모임 '화순리답회'

　김광종 어르신의 관개수로 공사는 마을 주민들의 삶에 큰 변화를 가져왔다.

　그중에서도 직접적으로 연관성을 지닌 논 주인들, 즉 답주들은 물 관리와 '수눌음' 등을 위해 자연스레 모임을 가지게 되었다. 수눌음은 제주에서 농사일이 바쁠 때 이웃끼리 서로 도와 일하는 풍속을 말한다. 이러한 흐름 속에서 '화순리답회'가 탄생하게 되었다.

　정확한 창립 연도는 확인되지 않지만, 이를 짐작할 수 있는 두 건의 회칙 문서가 전해온다.

　하나는 회칙 표지만이 남아 있고, 다른 하나는 표지는 없으나 여러 장의 내용이 온전히 남아 있다. 흥미롭게도 이 두 문서는 각각 다른 연도를 가리키고 있다.

회칙 표지로 보이는 문서에는 '和順里畓會 會則 화순리답회 회칙'이라는 제목과 함께 '西紀 一九二六年 七月 서기 1926년 7월'이라는 연도가 한자로 쓰여 있다. 단, 날짜는 日일만 쓰여 있고 그 앞에는 며칠인지 기록되어 있지 않은 채 빈칸으로 남아 있다.

　반면, 다른 문서에는 '昭和소화 8년 7월 和順里畓會화순리답회 會則회칙'이라 쓰여 있다. 훗날 누군가가 연도를 알아보기 위해 쓴 것으로 보이는 '서기 1933년'이라는 숫자가 연호 옆에 쓰여 있다. 문서 용지 역시 일제강점기에 사용되던 것으로 추정되며 표제가 붓글씨로 쓰여 있는 데다 연호가 '소화'로 되어있다. 소화 8년은 서기로 1933년을 말한다.

　이 두 건의 문서 중 어느 게 오래된 문서일까?

　첫 번째 문서는 일제강점기 하인데 연도 표기가 서기西紀로 되어 있고, 하단에는 공책 제조 회사 로고와 두 자릿수의 전화번호 국번이 찍혀 있다. 이 표지 종이는 일제강점기가 아닌 그 이후에 생산된 것이라는 사실을 말해준다. 여기에다 누군가가 표제와 연도를 펜으로 쓴 것으로 보인다.

　두 번째 문서는 이 첫 페이지에 이어 몇 쪽에 걸쳐 회원 자격, 회원 의무 및 권리, 임원 구성 등이 상세히 명시되어 있다. 회원은 보통회원과 특별회원으로 구분했는데 보통회원은 지역 거주자, 특별회원은 지역 외에 거주하면서 화순 지역에 토지를 소유하고 본회의 취지에 찬성하는 자로 정해 놓고 있다. 또한 회원의 권리와 의무를 명시하고 있다. 회원은 회비 일체를 부담할 의무가 있고 본회 유지에 대한 의사 자문諮問과 단결斷決의 권리가 있다고 밝히고 있다. 회원에게 의결권이 있음을 명확히 하고 있다. 임원은 회장, 부회장, 총무, 재무, 서기, 그리고 간사 약간 명으로 구성되어 있었다.

이 두 문건을 종합해 보면, 화순리답회의 공식 출범 시점은 1926년 7월보다는 1933년 7월이 더 설득력 있게 받아들여진다.

공교롭게도 1933년은 김광종 어르신이 관개수로 공사를 착공한 지 101년에 접어드는 해이기도 하다.

1926년 7월로 표기된 문서는 후대에 누군가가 소화를 서기로 환산하며 연도를 혼동해 잘못 기록했을 가능성이 제기된다.

다만, 문서상으로는 화순리답회가 1933년에 발족된 것으로 추정되지만 실제로는 그보다 이른 시기, 즉 김광종 어르신의 관개수로가 완공된 직후부터 비공식적인 모임이 꾸준히 지속돼 왔을 것으로 보인다.

그런 의미에서 1933년도 회칙 문건은 현재까지 남아 있는 가장 구체적이며 오래된 공식 자료로, 화순리답회의 전모를 파악하는 데 결정적인 역할을 한다.

한편 단체명이 김광종영세불망비에는 '화순답회'라고 새겨져 있으나 1933년 회칙에는 '화순리답회'라고 표기되어 있다. 초기 회원 명단에는 양시권梁時權, 지운옥池雲玉, 이여학李麗鶴 등 15명가량이 이름을 올렸으며 초대 회장은 양시권 씨가 맡았다.

회원 대부분은 몽리답蒙利畓 주인들이었다. 몽리답은 수리시설을 통해 물을 대는 논을 일컫는다. 김광종 어르신이 만든 관개수로를 통해 논에 물을 대는 답주들이 화순리답회의 구성원이었던 것이다.

화순리답회의 가장 중요한 사업은 수동수리水洞修理였다. 수동수리는 보洑와 수로를 점검하고 고치는 작업으로, 논농사의 생명줄과도 같은 수로를 유지하고 관리하기 위한 필수 활동이었다.

1941년 회의록에는 모내기 전 해당 공사를 진행하기로 의결한 내용이 기록돼 있다. 이 기록에 따르면 수동

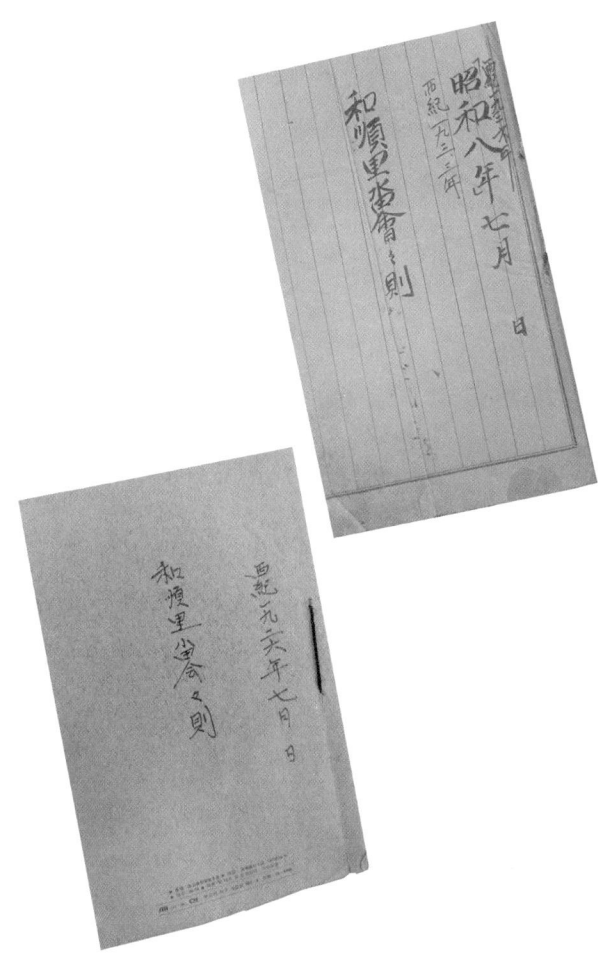

화순리답회 창립 연도를 추정할 수 있는 두 개의 회칙문서가 전해오고 있다.
왼쪽이 1926년도로 표기된 화순리답회 회칙문서.
오른쪽이 1933년으로 표기된 화순리답회 회칙문서.

수리는 3월 1일부터 닷새 동안 시행되었으며, 하루에 15명의 역원(役員: 일꾼)과 감독 2명이 동원됐다.

1970~80년대에도 논에 물이 제대로 들어오지 않는 일이 있었다고 전해진다. 당시 물은 '도막은소'에서 도채비빌레까지는 수로를 따라 잘 흘러왔지만 이상하게도 도채비빌레를 지나 논까지는 도달하지 않았다.

이에 대해 양재현 전 안덕면주민자치위원회 위원장은 "나중에 알고 보니 송아지 한 마리가 수로에 들어갔다가 죽으면서 물길을 막고 있었다는 이야기가 전해 온다"며 "그 뒤 수로를 점검하고 재정비하자 논까지 물이 굽이굽이 흘러 들어갔다는 얘기를 들었다"고 전했다.

이처럼 답회의 가장 중요한 역할은 논에 물을 원활하게 공급하는 일이었다. 다른 지역의 답회와 마찬가지로 화순리답회도 수감水監을 둬서 물 관리를 했다. 일반적으로 제주 다른 마을에서는 논농사에 필요한 물을 관리하는 사람을 '답하니'라 불렀다고 전해 오지만 이 화순 지역에서는 '수감'이라 불렀다고 한다.

수감은 모내기 때부터 수확기까지 물을 적절히 배분·조절하고, 소나 말이 논에 들어오는 것을 막는 등 중대한 임무를 담당했다.

第六條 通常會員

一、會費一

二、本會維...

決의權利

第五條 本會의 會員은 安德面 知恥里에 一

一、通常會員은 會員으로서 知恥里區內에

二、特別會員은 左와 如히 区分함

己外居任者로 分함

己外居任者는

有하며 本會의 趣旨...

第七條 特別會員은 左의 義務

一、本會則은 第二條 及 其他諸規則

에 順應할 義務

第四章 任員

第九條 任員

六、轉...

一、會長은 會務一切를 處理함

二、副會長은 會長을 補佐...

四、財務는 本會一切의 文書保管...

五、書記는 本項을 準理함

... 任期는...

1933년 화순리답회 회칙문서들.

품삯은 쌀이 아닌 벼로 주는 것이 일반적이었으나 때로는 현금으로도 지불했다. 이에 대해 〈화순리지〉에는 다음과 같이 기록되어 있다.

> 화순리답회에서는 몽리답주蒙利畓主들끼리 수로관리水路管理나 답주의 이해관계 처리 등을 위하여 수감水監을 선출하였다. 수감水監은 답회畓會에서 정한 일정액의 감독비를 현금이나 나락(탈곡하지 않은 벼)으로 받았다. 논농사를 짓는 기간 동안 수로水路가 파손된 부분은 수리하고 막힌 데가 있으면 뚫고 물이 많은 논과 모자란 논에 물대기 작업을 조정하며, 심지어 가뭄이 들어 서로 물대기 투쟁이 벌어지면 이를 조정하는 등 중요한 역할을 맡아 공평무사公平無事하게 처리하였다. 모내기를 하고 나서 수확할 때까지 물과 논을 관리하였으나 논농사가 끝난 가을 이후 보리농사를 지을 수 있는 '강답'에 한해서 다음 해 모내기 준비할 때까지는 돌아보지 않아도 되었다. 그러나 이 기간에도 속칭 '흐렁답'에는 관심을 가져야 했다.

* 흐렁답: 수렁답을 뜻하는 제주어다. 수렁답, 즉 수렁논은 곤죽이 된 진흙과 개흙이 물과 많이 섞인 채 괴어 있어 물 빠짐이 되지 않는 논을 말한다.

화순리 지윤창 님의 말에 따르면 (1970년 무렵) 수감은 2년에 한 번 정했고 제법 인기가 높았다.

"수감이 되는 것도 경쟁을 치러야 했습니다. 수감은 나록으로 물값을 받아갔죠. 수감도 나록으로 급여를 받아 제사를 지내거나 쌀밥을 먹을 수 있어서 인기가 있었답니다. 지금(2025년)은 논농사도 짓지 않는데다 다들 나이가 들어 수감을 했던 분들 대부분이 세상을 떠난 상태예요."

답회의 역할은 물 관리에 국한되지 않았다. 김광종 어르신의 공덕을 기리는 제사 역시 매년 이어졌다. 〈제주사인명사전〉에 따르면 화순답회畓會 회원들은 제일祭日을 정하고 '도채비빌레' 동산에서 야제를 봉행했다.

이에 대한 구체적인 내용은 제주 역사문화 공유단체인 사단법인 질토래비가 2021년 〈제주일보〉에 기고한 글에 자세히 나와 있다.

이 기고문은 질토래비가 2021년 6월 양재현 안덕면 주민자치위원회 위원장의 소개로 화순리답회 이광언(1939년생) 전 회장과 재무·총무를 맡았었던 고완수(1945

년생) 부부를 만나 취재한 내용을 바탕으로 작성한 것이다. 다음은 질토래비가 2021년 8월 3일 〈제주일보〉에 기고한 주요 내용이다.

> 고완수 부부는 30년 동안이나 별포제라 불리어온, 도채비빌레에서 행해져 온 제사 준비를 위한 음식 등을 준비하였다. 화순리 답회에서는 모내기를 마친 후 좋은 날을 택해 한밤중 별이 빛나는 자정에 대표자 10여 명이 도채비빌레 제당에 모여 전조田祖신과 토지신께 2000년대까지 제를 올렸다. 당시 황개창에서 잡은 은어 등 여러 민물고기를 제사음식으로 사용하기도 했다. 별포제 시에는 황개창의 '산받은물'로 치성을 드리곤 했는데, 수많은 세월이 흐른 후에도 산받은물의 수량은 변함없이 지금도 졸졸 흐르고 있다. 한라산 백록담 남쪽 아래에 있는 '산벌른내'를 연상케 하는 산받은물은 안덕계곡 황개천에서 한라산을 바라보면서 받는 물이라 하여 마을에서는 신성한 물로 여긴다.

화순리답회의 실질적인 마지막 회장은 이광언 씨였다. 그는 2024년에 세상을 떠났다. 그가 회장으로 있을 때 총무·재무는 고완수 씨가 맡았다. 현재 고완수 씨 역시 병석에 누워 있는 상태다.

고완수 씨 부부는 2025년 6월 23일 필자와의 통화에서 김광종 어르신을 기리는 "별포제를 수십 년간 지내오다가 지금은 하지 않고 있다"며 "정확한 시작 연도와 최종 해는 모르겠지만 모내기가 끝나는 음력 5월에 날을 정한 뒤 그날 저녁에 제수를 준비해 도채비빌레에서 별포제를 매년 올렸다"고 말했다.

이처럼 화순리답회에서는 김광종 어르신의 공덕을 기리기 위하여 매년 제일祭日을 정해 도채비빌레 동산에서 야제野祭를 봉행해왔다.

고완수 씨 부부는 "자정이 지나면 제를 파하고 음복으로 마무리했다. 참석자는 답회 회장을 비롯해 나이 많은 답주들이 주로 참석했는데 작을 때는 5명, 많을 때는 20명에 이르기도 했다. 시市에서 후손들이 찾아오기도 했다"고 덧붙였다.

답회 활동은 1933년부터 1990년대까지 약 70여 년 동안 지속되었다. 초대 회장 양시권 씨는 1933년부터 1938년까지 만 5년간 재임했다. 또 양기호(2대, 4대), 양성필 회장(5대, 7대)은 각각 두 차례 회장직을 맡았다. 특히, 12대 회장인 성대년 씨는 1965년부터 1971년까지 가장 긴 6년간 임기를 수행했다. 전체적으로 20명의 회장이 22대에 걸쳐 답회를 이끌었다.

　일제강점기 때 농촌에서 만들어진 화순리답회는 초기에는 15~18명 수준에 불과했지만 광복 이후 100여 명의 규모로 커졌다.

　1991년 기준으로 화순리답회가 파악한 수기 통계 문서를 보면 답주 경작자 77명, 휴답자 71명으로, 답회 회원이 무려 148명으로 늘어났음을 알 수 있다.

　또한 당시 경작 논은 25,932평, 휴경 논은 23,268평으로 전체 논 면적은 49,200평에 달했다. 1인 답주가 소유한 논은 50평부터 988평까지 다양했으며 그중 200~400평대가 가장 많은 비중을 차지했다. 평균 소유 면적은 약 332평으로 집계되었다. 여러 소농들로 논농사가 이뤄졌다는 지역 특성을 보여준다.

　2025년 현재 화순리답회는 사실상 활동을 멈춘 상태다. 논농사를 짓는 이들이 거의 사라졌고, 오랜 세월 활동하던 임원과 회원들이 작고하거나 고령이기 때문이다. 이광언 회장을 마지막으로 실질적인 운영은 끝났고 이후 성덕훈 씨가 회장직을 이어받아 명맥을 유지해 왔던 것으로 보인다. 현재는 박순영 씨가 연락책을 맡고 있다.

● 역대 화순리답회장 명단

양시권[梁時權] 1933~1938년

양기호[梁淇浩] 1939~1940년

강위명[姜渭命] 1941~1943년

양기호[梁淇浩] 1944~1948년

양성필[梁聖弼] 1949~1950년

양문일[梁文一] 1951~1952년

양성필[梁聖弼] 1953~1954년

양승고[梁升槁] 1955~1957년

김영표[金永杓] 1958~1960년

양문일[梁文一] 1961~1963년

양찬옥[梁贊玉] 1964년

성대년[成大年] 1965~1971년

양성룡[梁成龍] 1972년

성창기[成昌淇] 1973~1974년

강문삼[姜文三] 1975~1976년

이상호[李相昊] 1977년

양군학[梁君鶴] 1978년

강문팔[姜文八] 1979~1982년

양창효[梁昌孝] 1983~1984년

강기성[姜淇性] 1985~1987년

이광언[李光彦] 1988~1989년

성덕훈[成德訓] 1990년~?

한편 2023년 2월 9일 평소 안덕면 지역사에 깊은 관심을 가져온 양재현 전 안덕면주민자치위원회 위원장은 이광언 당시 화순답회 회장으로부터 화순답회 관련 자료를 건네받아 안덕면에 기증했다.

양 전 위원장은 "선친(양창효)이 답회 회장을 역임하기도 했다"면서 "오래전부터 소장하고 있던 김광종 관개수로 관련 귀중한 향토 자료가 안덕면 역사 자료로 활용되어 후손들과 지역주민들에게 널리 알려지길 바란다"고 말했다.

논 주인과 위탁재배 농가의 수익 배분

 제주 화순리 일대에 펼쳐진 논은 대부분 화순리 주민들이 직접 소유하고 경작했지만, 일부는 외지인이 소유하고, 경작은 화순리 주민에게 맡기는 경우도 있었다.

 김광종 어르신이 처음 논을 만들 당시 화순리 주민과 외지인의 비율이 어땠는지는 알 수 없지만, 시간이 흐르면서 외지인들도 제사에 올릴 메를 지을 쌀을 직접 재배하고자 화순리의 논을 구입하기 시작한 것으로 보인다.

 화순리 주민 지윤창 님에 따르면, "사계리, 감천리, 저지리는 물론이고 한림읍 명월리나 금악리 주민들까지 이곳에 땅을 사서 논을 일궜다"고 한다.

 화순리에 거주하는 주민들은 논까지의 이동이 수월했기 때문에 직접 농사를 짓는 데 큰 어려움이 없었다.

반면, 외지인들은 거리가 멀어 영농 관리를 직접 하기 어려웠고, 이 때문에 황개천 인근에 사는 사람들에게 논농사를 맡기곤 했다.

당시 지금의 한국남부발전(주) 남제주빛드림본부 주변은 '알동네'라 불렸으며, 논과 가까운 이 지역에는 위탁재배를 하는 농가들이 많이 거주하고 있었다.

추수기가 되면 논 주인과 위탁재배 농가는 벼를 절반씩 나눠 가졌다. 제주에서는 논벼를 '나록'이라 불렀다. 수확은 낟알이 달린 벼 상태로 나눴고, 탈곡은 각자 알아서 했다.

외지에서 온 주인들은 탈곡 후 곡물을 가져가기 위해 며칠간 체류해야 했고, 동행한 사람들까지 숙식을 해결해야 했다. 위탁재배 농가들은 이들을 자신의 집에 머물게 하고 식사를 제공했으며, 심지어 주인이 데려온 소나 말의 사료까지 마련해야 했다.

논을 일구는 일 못지않게, 논 주인을 접대하고 뒷바라지하는 일 역시 큰 부담이었다.

이러한 사정을 고려한 일부 지주들은 벼를 나눈 후 쌀을 추가로 내어주며 위탁재배 농가의 노고를 배려하기도 했다.

김광종 어르신 역시 처음에는 황개천 하류에 밭을 사들여 직접 논농사를 지었으나, 이후에는 논 근처에 사는 이에게 경작을 맡겼고, 수확할 때는 관례에 따라 볏단을 절반씩 나눠 가졌다.

도채비빌레에 세워진 '김광종영세불망비'

　김광종영세불망비金光宗永世不忘碑가 제주도 서귀포시 안덕면 화순리 황개천 언덕, 속칭 도채비빌레에 세워져 있다. 주소는 제주특별자치도 서귀포시 안덕면 화순리 1929번지다.

　도채비빌레는 제주어가 결합된 지명으로, 도채비는 도깨비를 뜻하고 빌레는 넓적한 돌들이 깔려 있거나 땅속에 묻힌 곳을 말한다.

　제주지역 언론사인 뉴스라인제주에 따르면 이 지명의 유래에는 두 가지 설이 전해진다. 하나는 이 일대가 예로부터 화순리 주민들이 아이들의 묘역으로 사용하던 곳인데, 비가 오는 초저녁이나 깊은 밤이면 도깨비가 나타난다고 하여 '도채비빌레'라 불리게 되었다는 설이다.

또 하나는, 김광종 어르신이 이 지역의 돌을 깨고 수로를 내어 논농사를 가능하게 만든 공적이 너무나도 비현실적이어서 "도채비나 가능한 일"이라며 붙여진 이름이라는 설이다. 후자의 해석에는 김광종에 대한 지역민의 깊은 존경심이 담겨 있다.

이 도채비빌레 동산에 김광종 어르신의 후손들과 화순리답회는 두 차례에 걸쳐 '김광종영세불망비'라는 이름으로 송덕비를 세워 그의 공적을 후세에 전하고 있다.

송덕비는 일반적으로 궁실이나 관과 관련 있는 인물의 선정을 기리기 위해 세우는 비석이다. 불망비不忘碑, 선정비善政碑, 거사비去思碑, 추모비追慕碑 등 다양한 이름으로 불리며 대부분은 지방 수령이나 관료, 왕실 인물에게 헌정한다.

그런 점에서 일반 백성의 비가 송덕비로 세워졌다는 것은 그의 선행과 업적이 관이나 왕실의 치적에 견줄 만한 가치를 지녔다는 사회적 인정을 의미한다.

김광종영세불망비는 일제강점기이었던 1938년 5월 5일에 화순답회和順畓會와 그의 후손에 의해 최초 건립되었다.

비碑의 크기를 보면 높이가 72cm, 윗너비 44cm, 아

1938년에 세워진 김광종영세불망비.

래 너비 39cm이며 두께는 위가 16.5cm, 아래가 16cm이다.(남제주군, 1992)

재질은 제주산 조면암이다. 안타깝게도 빗돌의 상단 중앙 부분이 약간 깨어져 떨어져 나갔지만 대체로 건립한 지 90년이 가까운 지금까지도 건재한 편이다.

빗돌 전면 중앙에는 위에서 아래로 '金海金光宗永世不忘碑 김해김광종영세불망비'라 새겨 있다. 그리고 이를 중심으로 오른쪽과 왼쪽에 각각 4행이 새겨져 있다. 이를 옮겨보면 다음과 같다.

穿山引水 천산인수　　漢西開始 한서개시
多費己財 다비기재　　以裕後世 이유후세
食我香稻 식아향도　　賴公德基 뇌공덕기
功擬召父 공의소부　　歲祈田祖 세기전조

산을 뚫고 물을 끌어 漢西(한라산 서쪽) 지방에 논을 개척했으며 이에 필요한 많은 비용을 자신의 재산으로 감당하여 후세 사람들을 유복하게 하였다. 우리가 향그러운 쌀밥을 먹을 수 있는 것은 오직 김공의 덕이다. 그 공덕이 소부의 선정과 비길만 하므로 전조田祖로 모셔 해마다 기도를 올린다.

뒷면에는 昭和十三年戊寅五月五日 和順畓會建設소화십삼년무인5월5일 화순답회건설이라 길게 쓰여 있는 가운데 住楮旨里 주저지리라는 출신 지역과 함께 오른쪽에서부터 왼쪽으로 관계자들의 출신과 이름을 아래와 같이 새겨 놓았고 이 비를 세우는 데 함께한 이들의 이름을 적고 있다.

住楮旨里 주저지리
后曾孫龍仙 후증손용선
良順 양순
世閏 세윤
玄孫斗柄 현손두병

會首 회수 梁時權 양시권
發起 발기 宋雲玉 송운옥
誌 지 姜師宗 강사종
贊 찬 池赫重 지혁중

    저지리에 거주하는 증손인 용선, 양순, 세윤
    현손인 두병이
    소화 13년(1938년) 무인년 5월 5일
    화순답회和順畓會가 세운다.
    회수(회장) 양시권, 발기 송운옥
    지 강사종, 찬 지혁중

誌지는 생애, 발의 등 일반적인 기록을 뜻하고 讚찬은 그 뜻을 높이 기리어 찬양하는 것을 의미한다.(비에는 贊찬으로 새겨져 있다.) 비 뒷면의 양옆에 새겨진 작은 글씨의 한문 구절을 해석해 보면 다음과 같다.

"김광종 어르신의 후손이자 저지리에 사는 증손曾孫 용선, 양손, 세윤과 현손玄孫 두병이 중심이 된 가운데 1938년 5월 5일 화순리 논농사 모임인 화순답회和順畓會 양시권 회장을 필두로 송운옥이 발기하고 강사종이 기록하고 지혁중이 찬했다."

비의 뒷면 상단이 동그랗게 파인 탓에 첫 글자가 확인되지 않지만, 이어진 60갑자 '무인戊寅'년을 근거로 볼 때, 결손된 글자는 昭和소화의 昭소 일 가능성이 높다. '소화'는 일제강점기 명치明治, 대정大正에 이어 사용된 일본의 연호로, 소화 1년은 1926년이다. 이 기준에 따라 계산해 보면 昭和十三年소화 13년은 1938년으로 무인戊寅년과 정확히 일치한다.

그로부터 꼬박 30년이 지난 1968년 4월 다시 비 하나가 세워졌다.

비문이 한문으로 되어있어 사람들이 이해하기 어렵다는 의견을 받아들여 김광종 어르신의 5세손인 제주도 기획담당관 김창진金昌辰 님을 비롯해 그의 부친이자 김광종 어르신의 4세손 김성보 님이 화순답회와 의논해 한글로 번역한 영세불망비를 건립한 것이다.

새 비석은 원래의 비석에서 3미터가량 떨어진 곳에 나란히 세워졌으며 기존 비석보다 크고 돌지붕도 얹혀져 있다.

비문의 글은 화순리의 명필로 알려진 지동수池東秀 씨가 썼다. 지동수 씨는 1938년도 비문 작성 시 찬讚을 했던 지혁중 선생의 아들이다. 2대에 걸쳐 비문을 쓴 셈이다.

비문은 대부분이 한글로 되어있고 전면의 큰 글자를 비롯해 간단하거나 핵심적인 글자만 한자로 쓰여 있다.

전면에는 通政大夫 金公光宗永世不忘碑통정대부 김공광종영세불망비라는 비명이 중앙에 세로로 큼직하게 쓰여져 있으며 그 좌우에는 간결하고 운율감 있는 문장들로 김광종 선생의 희생과 공덕을 함축적으로 칭송하고 있다. 비문의 내용을 그대로 옮기면 다음과 같다.

1968년에 새롭게 건립한 김광종영세불망비. 비문이 한글을 중심으로 쓰여 있다.

1968년에 건립된 비석의 뒷면. 사진 출처: 디지털서귀포문화대전

우측 면에는 '화순리답회와 후손 김창진이 개수改竪했다'고 쓰여 있다. 사진 출처: 디지털서귀포문화대전

좌측 면에는 1832년 3월에 기공해 1841년 9월에 준공했으며 길이가 연장 670M라고 밝히고 있다.

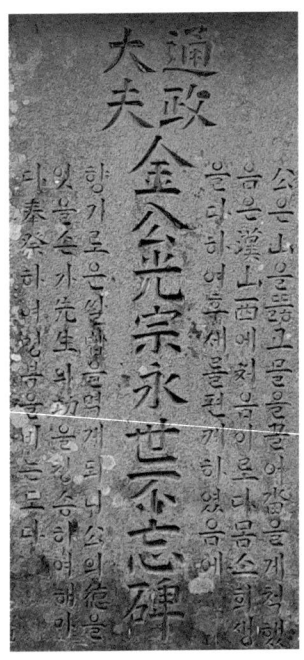

1968년에 새롭게 건립된
한글 비석의 앞면 비문

公공은 山산을 뚫고 물을 끌어 畓답을 개척했음은 漢拏山西한라산서에 처음이로다. 몸소 희생을 당하여 후세를 편케하였음에 향기로운 쌀밥을 먹게 되니 公공의 德덕을 잊을손가. 先生선생의 功공을 칭송하여 해마다 奉祭봉제하여 명복을 비는도다.

김광종영세불망비는 1938년도 세워진 비보다 1968년에 새로 건립된 비가 약 20센티미터 더 크다. 게다가 1968년도의 빗돌 위에는 가첨석加檐石 즉 지붕돌이 얹혀 있다. 이 지붕돌은 밑면보다 윗면을 약간 길게 하면서 가운데를 중심으로 포물선이 생기도록 부드럽게 깎아내려 양쪽의 두 귀퉁이가 살짝 치켜 올려진 것처럼 보이도록 했다. 이는 제주지역에서 흔히 볼 수 있는 전통적인 비석 양식 가운데 하나로 기능성과 더불어 소박미를 동시에 갖추고 있다.

- 분 류 : 기록유산/서각류/금석각류/비
- 재 질 : 석재(조면암)
- 규 격 :
(1938년 한문 비) 높이 72cm, 너비 44cm, 두께 16.5cm,
(1968년 한글 비) 높이 91.5cm, 너비 45.5cm, 두께 18cm

한편 1938년과 1968년에 각각 세워진 2기의 김광종영세불망비는 2023년 11월 1일 제주특별자치도 향토유형유산 39호로 지정되었다.

이에 앞서 서귀포시 안덕면 화순리마을회는 김광종영세불망비의 향토유형유산 지정을 신청했고, 이윽고 2023년 10월 26일 제주도청 삼다홀에서 열린 2023년 제10차 제주특별자치도 문화재위원회에서 원안이 가결되었다. 제주특별자치도는 이 결정을 바탕으로 두 기의 비석을 제주도 향토유형유산 39호로 지정, 제주특별자치도보 제1203호에 이를 공고했다.

제주특별자치도보 제1203호
2023년 11월 1일(수요일)

○ 분 류 : 기록유산/서각류/금석각류/비
○ 수 량 : 2기
○ 재 질 : 석제(조면암)
○ 연 대 : ①1938년, ②1968년
○ 규 격 : ①(1938년 제작) 높이 72cm, 너비 44cm, 두께 16.5cm,
          ②(1968년 제작) 높이 91.5cm, 너비 45.5cm, 두께 18cm
○ 지정사유
 - 김광종 영세불망비는 1832년 안덕면 화순리 창고천 일대에 개인의 재산으로 약 1.1km의 수로를 만들어 논밭을 개척한 김광종(한경면 저지리 출신)의 공덕을 기리고자 만든 비석이다.
 - 비석은 1938년과 1968년에 각 1기씩 총 2기가 세워졌는데, 모두 화순답회 회원들과 김광종의 후손들이 함께 세운 것이다.
 - 김광종 영세불망비는 김광종의 확실한 공적을 확인할 수 있고, 지역주민들이 그 고마움을 기리며 세운 비석이라는 점에서 향토유형유산으로 지정할만한 가치가 크다.
○ 향토유형유산 관리번호 : 제39호

①1938년 비석　　②1968년 비석

3. 공고기간 : 도보 공고일로부터 30일간
4. 특이사항 : 공고된 사항에 대하여 의견이 있으신 분은 도보 공고일로부터 30일 이내에 제주특별자치도 세계유산본부(역사문화재과)로 연락하여 주시기 바랍니다.
5. 연 락 처 : 제주특별자치도 세계유산본부 역사문화재과
 ○ 전 화 : 064-710-6705
 ○ FAX : 064-710-6709
 ○ 주 소 : 우63341 제주특별자치도 제주시 조천읍 선교로 569-36

2023년 11월 1일, 두 기의 김광종영세불망비가 제주특별자치도 향토유형유산 제39호로 지정되었다.
사진은 이를 알리는 제주특별자치도보 제1203호

더 나은 미래를 꿈꾸는 '김광종길'

　서울 종로에 '송해길'이 있다면, 제주 서귀포에는 '김광종길'이 있다.

　2021년에 조성된 '김광종길'은 단순한 산책로를 넘어, 제주의 논농사 역사와 개척정신을 되새기게 하는 뜻깊은 길이다.

　이 길은 서귀포의 삶과 문화를 이해하는 데 큰 도움이 되는 역사문화의 공간으로 자리 잡았다.

　비록 한적한 시골길이지만, '김광종길'은 선조들의 끈기와 열정, 도전과 헌신을 온몸으로 체감할 수 있는 상징적인 장소라 할 수 있다.

　육지 사람들처럼 제주 사람들도 곤밥을 먹게 하고자 수많은 역경을 이겨내 마침내 그 뜻을 이룬 김광종 어르

회순해안로를 지나가다 보면 김광종길이라는 표지판이 보인다. 표지판이 가리키는 방향으로 들어가면 시골길이 나타난다. 이 길은 도채비빌레로도 통한다.

김광종길

신처럼, 오늘을 살아가는 우리 역시 각자의 꿈을 품으며 더 나은 미래를 향해 나아가는 길이기도 하다.

김광종길까지는 제주국제공항에서 대중교통으로 약 1시간 10분, 승용차로는 약 50분이 걸린다. 제주시 애월읍 광령리 무수천사가로 교차로에서 서귀포시 대정읍 안성리 안성교차로까지 이어진 1135번 고속화도로(평화로, 옛 명칭은 서부산업도로)를 따라가다 서광 오거리에서 동쪽으로 꺾은 후 남으로 내려가면 김광종길에 닿는다.

또는 화순항과 화순어촌계 부근에 있는 서귀포시장애인종합복지관 서부분관에서 시작되는 화순해안로를 따라 북쪽으로 1km가량 올라가면 오른쪽에 '김광종길'이라는 표지판이 보인다.

여름에는 가로수 나뭇잎이 무성하게 자라 표지판을 가리기도 한다. 표지판 옆으로 접어들면 한적한 시골길이 이어진다. '김광종길'이다.

제주의 김광종과 한나라 태수 소신신

화순리 마을 사람들은 김광종영세불망비를 세우며 김광종 어르신을 소부召父에 비유했다.

그렇다면 소부는 누구인가?

소부의 이름은 소신신召信臣이다.

소신신은 중국 전한前漢 시대(기원전 202년~기원후 8년)의 태수太守로, 자는 옹경翁卿이다.

소신신은 백성을 따르고 민심을 바탕으로 다스리는 이상적인 관리의 전형으로 후대에 이르기까지 많은 이에게 귀감이 된 인물이다.

그는 법을 잘 지키며, 열심히 일한 관리들의 이야기를 기록한 열전인 〈한서漢書〉 순리전循吏傳에 대표적 인물로 등장한다.

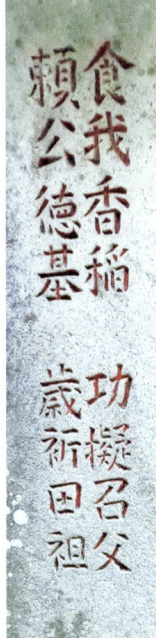

김광종 어르신을 한나라 태수 소신신에 비유하고 있다. 사진은 1968년도 김광종영세불망비 뒷면에 새겨진 비문의 일부.

    소신신은 한漢나라 수춘壽春 사람으로 영릉零陵·남양南陽·하남河南 등 여러 곳의 태수를 지내며 백성의 복지를 위해 헌신했다. 당대 관리 중에서 치적이 으뜸으로 손꼽혔다.

    〈한서漢書〉 권19 순리전循吏傳에는 다음과 같이 소신신을 소개하고 있다.

召信臣爲南陽太守 소신신위남양태수
소신신이 남양 태수로 부임했다.

親耕勸農 친경권농
스스로 밭을 갈며 농사를 장려했다.

興渠灌漑 흥거관개
수로를 개척하여 관개 시설을 마련했다.

民得其利 민득기리
백성들이 그 혜택을 누렸다.

 소신신은 몸소 밭을 갈며 백성에게 농업을 권장하고, 직접 수로를 개척해 백성을 이롭게 한 일화로 널리 알려진 인물이다.

 본래 백성을 위해 이로운 일을 하길 좋아했던 소신신은 남양 태수로 있으면서 농사를 장려하기 위해 친히 논밭 사이를 오갔고, 집에서 편히 쉴 날이 드물 정도였다. 특히, 길을 가다가 샘을 보면 도랑을 파서 물을 댈 수 있게 하고, 농업용수를 관리하고 조절하기 위해 제방을 쌓고 돌문을 설치했다.

 이러한 소신신의 덕德과 실천적 행동을 보고 농사에 힘쓰지 않는 이가 없었다고 전해진다. 사람들은 남양 태수 덕에 이로움을 얻었다며 그의 공덕을 높이 찬양했다.

나중에 후한後漢 시대(기원후 25년~220년)에 두시杜詩라는 인물이 이곳의 태수가 되어 다시 소신신의 둑을 다시 수리하자 사람들은 "전에는 아버지 같은 소 태수召太守가 있었더니, 뒤에는 어머니 같은 두 태수가 있네"라고 노래했다.

사람들은 선정을 베푼 이 두 명의 태수 즉 전한의 소신신과 후한의 두시를 소두召杜라 불렀다. 백성을 위하는 이상적인 공직자를 일컫는 말로 소부두모召父杜母라는 사자성어까지 생겨났다.

2천 년 전의 인물이지만 소신신은 관개수로를 개척하고 농업을 장려해 민생의 기반을 다지는 데 큰 역할을 한 인물이다. '호사유피인사유명虎死留皮人死留名'이라는 말처럼 그의 이름과 공덕이 길이길이 전해지고 있다.

제주 화순리의 김광종 어르신 또한 자신의 사재와 노동력을 들여 관개수로를 완공하고 논을 일궈 쌀밥을 먹을 수 있게 함으로써 마을 사람들에게 기쁨을 안겨주었다. 농업용수 문제를 근본적으로 해결하고 식량 개선을 가능케 한 그의 업적은 화순리뿐만 아니라 다른 지역의 수로 개척에도 큰 영향을 미쳤다.

이러한 점에서 김광종 어르신의 삶과 업적은 2천 년

전 소신신과 닮아있다.

　마을 사람들이 김광종영세불망비를 세우며 김광종 어르신을 소신신에 비유한 이유다.

　이와는 별개로 김광종 어르신의 공덕을 높이 기리는 과정에서 2천 년 전 인물인 소신신을 떠올린 이가 이곳 화순 마을에 있었다는 사실은 매우 인상 깊은 대목이다.

　소신신에 관한 일화는 중국의 고서인 〈한서〉 순리전에 등장하긴 하나, 학계나 민간에 널리 알려진 인물이라고 보기는 어렵다.

　그런데도 이 제주의 작은 시골 마을에서 소신신을 비문 안으로 소환했다는 사실은, 비문을 지은 지혁중 선생을 비롯한 지역민의 학식과 역사 인식이 꽤 높았음을 보여주는 사례라 하겠다.

4

그 많던 논들은 어디 갔을까

김광종 어르신이 피땀으로 일군 논은 세월이 흐르며 일부가 남제주화력발전소 부지로 편입되었다. 이어 수익성 악화와 비닐하우스 설치, 밭작물 재배로의 전환이 겹치면서 결국 사람들의 기억 속에만 남아 있게 되었다.

'김광종 관개수로'에 흐르는 메시지

한국학중앙연구원의 한국향토문화전자대전(디지털서귀포문화대전)은 〈제주향교지〉를 인용해 김광종 어르신의 업적을 다음과 같이 밝히고 있다.

> 김광종의 업적에 대해 〈제주향교지〉에는 "바위를 뚫어 최초로 농업용수를 개발한 관개농업의 개척자"라고 평가하면서, '1832년(순조 32) 수로 공사 착공을 시작으로 10년 만에 1,100미터의 용수로 완공과 더불어 오만 평을 개답開畓하였다'고 기술하고 있다.

김광종 어르신은 한 마을의 평범한 민간인이었지만, 그 누구도 감히 시도하지 못한 대역사를 완수했다. 자신에게 스스로 부여한 관개수로 개척이라는 중대한 과업을 투철한 사명감과 끈질긴 인내로 10년 만에 성공으로 이끌었다.

하지만 그의 관개수로 개척은 단순히 개인의 성취에 그치지 않는다. 사회적으로 특별한 의미를 지니며, 오늘날 우리에게 던져주는 메시지 또한 결코 가볍지 않다. 이를 네 가지 측면에서 살펴볼 수 있다.

첫째, 국가나 지방 정부 등 관이 아닌 민간인 한 사람이 자신의 재산과 노동력을 모두 바쳐 이룩한 제주 최초의 민간 주도형 관개수로라는 점이다.

김광종 어르신은 자기 돈으로, 자기의 노동력으로, 자기의 시간을 쏟아 부어 수로를 만듦으로써 사람들이 쌀밥을 먹을 수 있게 했다.

이는 오늘날 우리 사회에 절실히 요구되는 기업가 정신과 노블레스 오블리주의 한 단면을 보여주기도 한다.

둘째, 안덕면의 수로는 단순히 물이 흘러가는 통로가 아니라, 지역의 농업 구조를 바꾸고 주민들의 삶을 풍요롭게 하고 지역경제를 살리는 '큰 물길'이었다.

관개수로가 개통되면서 논 농사가 가능해졌고 '화순

리답회'라는 농민단체도 태동했다. 김광종 어르신의 헌신은 화순리의 지역경제를 새로운 단계로 끌어올리는 전환점이자 원동력이 되었다.

셋째, 김광종 어르신은 개척정신의 소유자이자 벤처기업가다운 면모를 지닌다. '미친 짓'이라는 주변의 조롱과 폄하에도 불구하고 굳은 의지와 불타는 열정으로 암벽을 깎고 바위를 뚫어 관개수로를 개통함으로써 한라산 서쪽 지역인 화순뱃내에 논 경작 시대를 연다. 마침내 김광종 어르신 자신의 꿈을 실현했고 마을의 미래를 바꿨다. 이 같은 개척정신은 오늘날 우리에게도 여전히 필요한 벤처 정신이다. 어떤 장애물 앞에서도 굴하지 않고 삶의 목적을 향해 나아갈 수 있는 용기와 자신감을 불어넣어 준다.

마지막으로 김광종 어르신의 관개수로 개척은 훗날 다른 지역의 관개수로를 활성화하는 신호탄이자 이정표 역할을 한다. 그의 성공이 훗날 천제연 수로를 개척한 채구석 전 대정군수, 어승생 물을 광령으로 끌어온 사업가 백창유 등의 행보에 영향을 주었다고 보아도 무리는 아니다. 김광종 어르신은 제주 관개수로 역사의 선구자로 자리매김하며 후대 개척자들에게 길라잡이가 되었다고 볼 수 있다. 김찬흡 향토사학자는 "이러한 (김광종 어르신의 관개수로) 개척을 살펴보건대 후일의 새로운 개척을 가능하게 했다"고 평가했다.

200년 가까운 시간이 흐른 지금 김광종 어르신의 정신은 여전히 유효하다.

척박한 자연환경을 극복하고 마을의 미래를 바꾼 개척정신은 오늘날 디지털 시대를 살아가는 우리에게도 시사하는 바가 크다. 역경을 이겨내는 지혜, 공동체를 위한 헌신, 미래를 내다보는 안목. 이 모두가 지금 시대에도 절실히 필요한 것들이다.

제주의 3대 수로 개척자

제주 지역에 관개수로를 개척해 논농사 기반을 닦은 이들이 있다. 김광종, 채구석, 백창유가 그들이다. 시대도, 배경도 달랐지만 한결같이 '물길'을 만들어 농촌의 현실을 바꿨다. 이들을 '제주의 3대 관개수로 개척자'라 부른다.

김광종 어르신은 관 주도가 아닌 민간 주도로 관개수로를 개척한 제주 최초의 인물이다.

관 주도하에 이뤄진 수로 공사는 약 300여 년 전에 있었다. 조선시대 서귀진(도지정문화재 기념물 제55호)에서 서귀포 정방폭포의 물을 성 안으로 끌어오기 위해 수로 공사를 했던 것으로 알려져 있다. 병사들에게 식수를 공급하는 것이 주목적이었는데, 쓰고 남은 물은 흘려보내 논을 형성한 것으로 보인다.

〈탐라지초본耽羅誌草本〉에 의하면 이원조 목사가 동쪽 성에는 수로를 파서 물을 끌어다 우물을 만들었고 나머지 갈래는 속에 둔 구멍으로 흘러나가 성 남쪽의 밭에 물을 대었다는 내용이 있다.(강문철, 2022)

2010년 발굴조사를 하면서 수로와 우물 유구 일부가 확인되기도 했다.(김창집, 2022년)

수로의 길이가 1.3km에 이르지만 자연 경사면을 이용한 덕에 공사 기간이 오래 걸리지 않은 것으로 보인다.

그러나 이 수로는 관 주도로 이뤄졌다고 볼 수 있다. 반면 김광종 어르신이 만든 관개수로는 제주 최초의 민간 주도 관개수로라는 점에서 큰 차이가 있다.

한말 제주판관과 대정군수를 지낸 채구석蔡龜錫 또한 '천제연 관개수로'를 만든 인물이다. 채구석 전 대정군수는 애경그룹 창업자 채몽인의 부친이다. 〈제주사인명사전〉의 저자인 고故 김찬흡 향토사학자는 "채구석蔡龜錫(한림)은 천제연天帝淵의 물을 중문 벼릿내성천, 星川로 끌어당겨 논밭을 만들었"다고 밝혔다.

김찬흡 향토사학자에 따르면 "중문마을의 경우 구한말 대정군수를 지낸 채구석이 나서서 수로를 개척했다.

천제연폭포에서 흘러나오는 물을 수로를 통해 끌어들인 후 베릿내오름 앞의 논에 물을 댄 것이다. 벼릿내는 베릿내로 불리기도 한다. 이 공사에는 채구석을 비롯해 이재하, 이태옥 등이 중심이 된 가운데 중문, 창천, 감산, 대포리 지역 주민들이 동원됐다."

1차 공사는 1905년에 착공, 1908년에 완공해 5만여 평의 논을 확보했고, 2차 공사는 1917년부터 1923년까지 시행해 다시 2만여 평의 논밭을 개척했다. 천제연 관개수로는 완공 후 '성천답회'에서 관리해 오다가 1957년 국유화돼 현재는 서귀포시 상수도과에서 관리하고 있다. 2005년 4월 등록문화재 제156호로 지정됐다. 천제연폭포 내려가는 길에 관개수로 흔적을 찾아볼 수 있다.

또 일제강점기 애월읍 신엄리 출신의 사업가 백창유白昌由는 어승생 물을 애월읍 광령리로 끌어내어 논을 만들었다.

강정효 전 제주민예총 이사장에 따르면 "그는 1930년 무렵 어리목에서 너븐절에 이르는 구간에 시멘트 수로를 개설해 본격적인 논농사가 가능하게 됐다. 이후 1950년대 말에 본격적으로 어승생 수리사업이 재개돼 광령과 외도동 일대까지 논밭을 조성해 10여 년간 논농사가 활기를 띠었다. 하지만 어승생에 한밝저수지를 축조한 이후 농업용수가 아닌 제주시민의 식수원으로 활용하면서 논농사는 사양길에 접어들고 말았다."

김찬흡 향토사학자는 "일제강점기에 백창유白昌由(신엄)는 어승생御乘生 물을 애월읍 광령리로 끌어당겨 논밭을 만들었다"며 김광종, 채구석, 백창유 이 세 명을 제주의 삼대수로三大水路 개척자라 부른다고 밝혔다.

이 세 명의 개척자는 한결같이 불모지에 물길을 열어 지역의 생활 터전을 바꾸었다는 공통점을 지닌다.

이들이 개척한 관개수로는 토목공사를 넘어 지역사회를 근본적으로 바꾸는 혁신의 물줄기였다.

화순리의 마지막 논

제주에서는 밭벼를 산디 혹은 산듸, 산뒤라고 부르고, 논벼를 나룩이라 부른다. 나룩은 표준어 나락에 해당하는 제주어다.

화순리 주민 지윤창 님은 이렇게 말한다.

"산디를 재배하려면 일찍 갈아야(파종해야) 하고 검질(김을 뜻하는 제주어)을 다른 것보다 한 번 더 매야 합니다. 산디는 꽃 필 때 물이 많이 있어야 해서 농사짓기에 힘듭니다. 여름에 가물면 씨알이 떨어져 버립니다."

화순리 주민 지윤창 님은 산디 농사가 힘들다고 말하면서 논벼 농사 또한 제주에서는 아무나 할 수 없었다고 말한다.

"나록은 제주 지형상 근본적으로 더 힘들어요. 원천적으로 물이 풍부해야 하고 고여 있어야 하거든요. (그런 땅이 흔치 않은 탓에) 나록은 작물로 쉽게 선택하기 어려웠습니다."

하지만 앞에서 얘기했듯이 김광종 어르신의 관개수로 사업이 성공하면서 화순리 황개천 주변 밭들이 논으로 바뀌어 논농사가 가능해졌다.

오랫동안 화순리답회 총무·재무를 맡았던 고완수 씨 부부는 조생종과 만생종의 나록을 재배했다고 회고한다.

"조생이더라도 음력 8월 명절이 지난 뒤에나 수확할 수 있어서 추석 차례상에는 햇살로 된 밥을 올리지 못했습니다. 만생은 10월이 되어야 추수가 가능했습니다."

양재현 전 안덕면주민자치위원장은 "1960년대부터 1970년대 초반까지는 팔금이라는 품종을, 1970년대 중반부터는 통일벼를 재배했고 이후 전국적으로 양질의

다수 품종으로 대체되었다"고 말했다.

화순리에서도 논이 계속 확대되어 5만 평에 이르렀으나 1990년도가 지나면서 폐답이 가속화되었고 지금은 지목상으로만 논으로 남아 있는 곳이 많다.

제주 전체적으로도 논의 비중은 증가하다가 점점 줄어들었다. 〈한라일보〉(2024년 2월 27일 자) 보도에 따르면 1990년까지 제주지역 논 면적(886헥타르)은 경지면적(5만 4788헥타르)의 1.6%에 달했었다. 그러다가 2000년에 들어서면서 0.3%(논면적 195헥타르/경지면적 5만 9207헥타르)로 떨어지고 이어 2010년 0.05%(논면적 33헥타르 / 경지면적 5만 9547헥타르) 2020년 0.02%(논면적 17헥타르 / 경지면적 5만 8654헥타르)로 급감한다.

고완수 씨 부부는 논 면적의 축소가 답회 활동에 직접적 영향을 미쳤다고 말했다.

"논은 세월이 흐르면서 마늘밭으로 많이 바뀌었고, 비닐하우스가 들어섰고, 한국남부발전으로 논이 수용되었습니다. 논이 없어지고 논농사를 안 짓게 되니 자연스럽게 답회 활동도 안 하게 되었습니다."

물을 가두고 있는 논의 특성상 벼 외에는 다른 작물을 기르기 어렵지만 밭은 산디는 물론 콩, 당근, 고구마 등 다양한 작물로 전환할 수 있는 장점이 있다. 결국 경제성과 재배 유연성의 차이가 논농사의 쇠퇴를 불러온 것이다. 또한 비닐하우스가 보급되면서 논들이 밭으로 다시 바뀌었다.

하지만 화순리의 논이 축소하게 된 가장 크고 직접적인 원인은 1977년 착공된 남제주화력발전소(현 한국남부발전주식회사 남제주빛드림본부)의 토지 수용이었다. 양재현 전 안덕면주민자치위원회 위원장은 "현재 한국남부발전주식회사 남제주빛드림본부 부지의 절반 이상이 논이었다"고 말한다.

화순리의 논농사는 1990년부터 폐답이 시작되어 2010년 무렵을 끝으로 사실상 막을 내렸다.

고 이광언 화순리답회 회장의 아들 이보성 씨는 이렇게 증언한다.

"우리 논이 화순리의 마지막 논이었습니다."

◈ 대정군의 벼 품종 ◈

일제강점기 조선총독부 산하 농업연구기관인 권업모범장은 1911년과 1912년 두 차례에 걸쳐 한반도 전역 시군에서 재배되던 논벼, 밭벼 재래종 3,830점을 수집해 이듬해인 1913년 11월 〈조선도품종일람朝鮮稻品種一覽〉을 출간했다.

이 책에는 당시 우리나라 각 지역에서 재배되던 재래종 벼들의 품종과 주요 특성이 들어있다.

우리나라 농촌진흥청은 2022년 8월 이를 한국어로 번역해 〈조선도품종일람〉을 펴냈다.

〈조선도품종일람〉에 제주는 3개 군으로 나뉜 가운데 각 지역에서 재배하고 있는 벼 품종이 소개되어 있다. 이에 따르면 화순이 속하는 대정군은 논 메벼로 압도鴨稻, 덕부지도德不知稻, 진도眞稻가 재배되었다. 논 찰벼로는 대토나坮土糯, 흑나黑糯가 있었다.

벼가 익는 기간을 보면 압도는 조생이고, 덕부지도, 진도, 대토나, 흑나는 만생이었다. 조생인 압도와 만생인 진도와 대토나는 볍알 크기가 작았고 만생 중의 덕부지도와 흑나는 중간 크기였다. 재배 면적으로는 덕부지도가 가장 많았고 압도와 진도는 아주 작았다.

김광종영세불망비와 관개수로 찾아가는 길

　제주 섬의 남서쪽에 위치한 화순리는 제주국제공항에서 버스로 약 1시간 10분(최소 시간), 승용차로는 45분가량이 걸린다.

　마을의 서쪽은 사계리와 덕수리, 동쪽은 감산리, 북쪽은 상창리, 서광리와 경계를 이루며 남쪽은 바다와 접해 있다. 화순리는 서쪽의 산방산과 동쪽의 월라봉 사이 해발 10~80m 지대에 자리 잡고 있다.

　동서는 폭이 좁고 남북은 긴 형태다. 북쪽은 잡목이 우거진 '곶 숲을 뜻하는 제주어' 지대로 높고, 바다로 이어지는 남쪽은 낮은 형태다. 대평포구에서 시작한 올레 9코스가 창고천을 지나 화순항과 화순금모래해수욕장을 거쳐 황우치해안으로 빠져 나간다.

김광종영세불망비와 관개수로 찾아가는 길

● '김광종영세불망비' 찾아가는 길

제주 서귀포시 안덕면 화순리 1292번지에 있는 '김광종영세불망비'를 찾아가는 길은 처음엔 어렵고 나중엔 쉽다.

남제주화력발전소(제주특별자치도 서귀포시 안덕면 화순해안로 106번길 55)을 내비게이션에서 찾은 후 서에서 동으로 길을 잡는다.

현재의 정식 기관명은 한국남부발전(주) 남제주빛드림본부이지만 기존에 사용했던 '남제주화력발전소'라는 이름으로 여전히 불린다. 내비게이션에서도 '남제주화력발전소'로 검색해야 나온다. 내비게이션이 가리키는 대로 서쪽에서 화순해안로 130번길(제주올레길 9코스)을 따라 동쪽으로 가다 보면 남제주화력발전소가 오른편에 보인다.

이어 '남제주화력발전소'를 오른쪽에 두고 3분여 달리면 황개천교 직전에 왼쪽으로 꺾이는 길이 나온다. 이 길로 올라가다 보면 오른쪽으로 월라봉이 보인다. 작은 삼거리를 지나 사거리까지 직진한다. 오른편에 보이는 개끄리민교로 가지 말고 직진하면 도채비빌레를 오르는

도채비빌레에서 반대편 나무 계단을 따라 내려가면 데크길이 길게 이어져 있다.

나무 계단(데크)이 보인다.

여기로 올라가면 도채비빌레에 닿는다. 도채비빌레는 사방을 둘러볼 수 있는 전망대다. 그리고 아래로는 산책로가 이어져 있다.

김광종 어르신이 개척한 관개수로를 시민과 관광객들이 관람할 수 있도록 2010년대 서귀포시에서 조성한 것이다.

도채비빌레 동산 정상에는 김광종 어르신을 기리는 '김광종영세불망비' 2기가 눈에 들어 온다. 오른쪽이 1938년에 세워진 한문 비이고 왼쪽이 1968년에 세워진 한글 비다. 그 아래로 도막은소까지 670여 미터 이어진 수로가 나온다.

한편 김광종길로도 도채비빌레에 갈 수 있다. 김광종길로 접어들어 걷다 보면 오른쪽에 노란 3층 건물이 보인다.

이 건물의 왼편에 계곡 아래로 이어지는 나무 계단이 놓여 있다. 이 계단을 따라 내려가면 김광종영세불망비에 닿는다.

● '김광종 관개수로' 찾아가는 길

　김광종영세불망비가 서 있는 곳이 도채비빌레다. 빌레는 제주어로 넓적하고 평평한 돌들이 노출되어 있는 지대를 뜻한다. 여기 도채비빌레는 작은 동산 형태다. 지그재그 형태로 난 나무 계단길을 따라 내려가면 왼편으로 암반을 깎아 만든 수로를 볼 수 있다. 나무 데크가 조성되어 있어 걷기 편하다. 새소리와 물소리, 나뭇잎 소리, 바람소리가 들린다. 종점은 도막은소다. 잔잔한 물을 가둬 놓은 작은 소沼가 보인다.

　'보막은소'라고도 불리는 도막은소는 논에 물을 대기 위한 수리 시설의 하나인 '보洑'다. 둑을 쌓아 흐르는 하천의 물을 막고 그 물을 담아 두는 곳이다.

　황개천 상류에 위치해 있는 도막은소는 "한때 빨래터이면서 아이들의 수영장이기도 했다고 한다. 둑의 길이는 약 40m, 높이는 약 2m가 된다고 한다. '보막은소'는 김광종이라는 사람이 안덕계곡의 물을 막아 논에다 물을 댄 유적이라 할 수 있다."(강상돈, 뉴스라인제주)

　'보막은소' 바로 앞 절벽에는 사람 얼굴 형상을 한 바위가 있다. 일명 장군석이다.

지역주민의 말에 따르면 보막은소 절벽에 도출된 이 바위가 사람 얼굴 형상이어서 옛날부터 장군바위라고 불러왔다고 한다. 보막은소 부근의 하천에는 장군석 등 기암괴석이 많은 곳이다.(김상돈, 뉴스라인제주)

보는 각도에 따라서는 용龍이나 영물靈物의 머리를 떠올릴 정도로 신비한 분위기를 자아낸다. 깊은 생각에 잠기듯 눈을 지그시 감고 수면을 향하고 있다. 봄과 여름에는 이름 모를 들꽃이 여기저기 피어나고 자연의 소리가 어우러진다.

도막은소는 처음에는 진흙과 돌로 둑방을 쌓아 물을 가뒀다가 나중에 시멘트로 공사해 현재의 모습이 된 것으로 보인다. 수로도 같은 시기에 시멘트로 보강한 것으로 추정된다.

도채비빌레를 비롯해 김광종영세불망비, 관개수로 길은 서귀포시가 정한 '역사문화 깃든 길' 월라봉 탐방 3코스(고인돌 유적지 - 화순선사유적 - 황개천 주차장 - 개끄리민교 - 도채비빌레 - 김광종영세불망비 - 수로길 – 가마귀돌길)에 포함된다. 아쉽게도 도채비빌레가 나무 계단으로 설치되어 있어 휠체어, 유모차는 가기가 어렵다.

위에서 내려다본 도막은소

봄과 여름에는 나뭇가지들이 신록으로 물들며 행인들을 향해 팔을 뻗는다.

5

증언

"(우리 아버지가) 산방산에 있는 돌을 깎아
비석을 만들었어."

- 화순리 주민 지윤창 님

"김광종 할아버님은
두 가지 기적을 주셨지."

- 5세손 김창진 님

"김광종의 이 위대한 업적이 그대로 가려져
있다는 것은 이상한 일이다."

- 홍순만 향토사가

인터뷰_화순리 원로 지윤창 님

"할아버지, 아버지가
두 비석의 비문을 쓰셨지요"

1938년에 세워진 김광종영세불망비에는 지혁중池赫重(1893~1940) 선생의 문장이 새겨져 있다. 그리고 1968년 새롭게 건립된 한글 비석의 글과 글씨는 지동수池東秀(1916~1998) 씨의 손에서 태어났다. 흥미롭게도 두 사람은 각각 지윤창池允暢(1941~) 님의 할아버지와 아버지다. 한 가계의 인물 둘이 30년 간격으로 각각 비문을 쓴 것이다.

2025년 5월 29일 화순리에서 한 마을 어르신의 소개로 지윤창池允暢 님을 우연히 만나게 되었다.

"할아버지는 한문으로 비를 세우고 돌아가셨는데 그 이듬해 내가 태어난 것이지. 아버지는 글도 잘 짓고 글씨도 잘 쓰시는 걸로 유명했어. 아버지는 사령관 연설문 작성자도 하셨고 박정희 대통령한테서 친필을 받기도 했지. 할아버지가 옛 김광종영세불망비의 글을 쓰시고, 아버지는 새롭게 건립한 한글 비의 글과 글씨를 다 쓰신 것이지."

김광종영세불망비에서 김광종 어르신을 찬한 분은 지윤창 님의 조부 지혁중 선생이다. 1938년 비문을 쓰고 2년 뒤인 1940년 지혁중 선생은 별세했다. 향년 47세. 그리고 이듬해 1941년 손자인 지윤창 님이 태어났다. 한글 비석을 세우기 바로 전해인 1967년 무렵 지윤창 님은 아버지 지동수 씨가 인근 마을인 사계리에 가서 빗돌을 구매하고 집으로 돌아와 한글로 된 김광종영세불망비의 문장을 짓고 글씨를 쓰는 것을 봤다고 증언했다. 아버지 지동수 씨가 51세, 지윤창 님이 26세 되던 해다.

마을의 이야기를 잘 알고 있는 지윤창 님을 통해 김광종 어르신과 영세불망비 건립 배경, 화순리답회의 숨은 이야기를 들을 수 있었다. 이 이야기는 지윤창 님이

지윤창 님

윗대로부터 전해 들은 것과, 1968년을 중심으로 자신이 직접 보고 들은 것을 바탕으로 한다.

김광종 할아버지가 이 화순 마을에 와서 땅을 많이 사들인 뒤, 자신이 구상한 논을 만들겠다는 계획을 세운 거야.
제주도에는 논이 거의 없잖아요. 그래서 제주 사람들은 쌀밥을 도저히 먹을 수가 없잖아. '산디'라 불리는 밭 벼가 있긴 해도 밭 벼는 흉작이 많아. 왜냐하면 물이 많이 있어야 벼가 자라는데 여름철에 물이 많이 없으면 자라지 않지. 그리고 꽃필 때 물이 가장 많이 있어야 해.
김광종 어르신이 돈을 어떻게 충당했는지 몰라도 자기 동네 사람들을 많게는 10여 명, 작게는 5~6명을 항상 데리고 와서 바위를 쪼고 암벽을 깨어서 수로를 만들었다고 하지.
김광종 어르신 고향이 한경면 저지리인데 지금은 아스팔트 도로가 나 있지만 당시엔 곶자왈로 가로막혀 있어서 숲의 작은 트멍(틈)과 같은 좁은 길로 다녔지. 저지와 화순을 오가는 데 시간도 많이 걸리자 그 어르신이 이곳 황개천 부근 동굴 속에 살면서 몇 년을 공사했지. 거기서 밥도 해 먹으면서 수로를 만들었던 거야.
그때는 마을 사람들이 소를 방목할 때니까 근처에 가서 자연스럽게 이야기도 나눌 기회가 있었지. 김광종 어르신은 마을 사람들이 헛수고한다고 하면 막 싸우고, 잘한다고 하면 술 한 잔 주고 그랬다고 해. 그렇게 하면서 수로 공사를 성공시켰어.

1967년도인가 68년도인가 김창진金昌辰 씨의 아버지 김성보金聖寶 어른이 우리 집엘 찾아왔어.

우리 아버지가 말씀하는 걸 내가 들어보니까, 당시 체신부 법무관으로 있던 김창진 씨가 김광종 할아버지의 업적도 기리고 역사적으로 보존도 해야 되지 않겠냐며 모든 비용은 자신이 부담할 테니 새 비석을 세우자고 아버지 김성보 어른한테 말을 한 모양이야.

이 말을 들은 김성보 어른이 비포장도로를 1시간 이상 걸어 한 번도 와 보지 않은 화순리에 찾아온 거야. 그러고는 우선 비석이 서 있는 현장을 먼저 찾아 가 본 거야. 도채비빌레에 김광종 어르신을 기리는 자그마한 비석이 서 있어. 그 비석에 우리 할아버지 이름이 새겨져 있었던 거야. 우리 할아버지 이름이 혁赫 자 중重 자야.

비석에서 우리 할아버지 이름을 발견한 김성보 씨가 리사무소를 찾아가서 이분이 누구냐고 물으니까 직원이 저 동네 가면 아들이 누구누구인데 거기로 찾아가라고 일러준 모양이야. 그래서 김성보 어른과 우리 아버님이 만나게 된 거야.

김성보 어른은 우리 아버님에게 화순까지 어떻게 찾아오게 되었는지 그 이유와 동기를 소상히 이야기하셨어. 그 말을 다 들은 우리 아버님이 김성보 어른의

사연에 공감하셨어. 비석을 새롭게 세우고 기리는 일은 좋은 일이니까 아버님이 책임지고 비를 건립하겠다고 말씀하셨던 거야.

당시 우리 아버님 나이가 51세 무렵이고 김창진 씨 아버지는 우리 아버지보다 나이가 더 위였지. 그런데도 우리 아버지를 존경하고 우리 집에 늘 찾아오곤 했어. 당시에 제주 빗돌은 오로지 산방산 돌밖에 없었어. 육지에서 돌이 안 들어와서 비석은 전부 산방산에 있는 돌을 깎아 만들었어. 이웃 마을 사계리에 가면 전문적으로 빗돌 새기는 사람이 있었어. 아버님은 그곳에 가서 빗돌을 구매하기로 계약한 후 집에 돌아와서는 가로 몇 자, 세로 몇 자 비석의 크기에 맞춰 창호지를 잘라서 글을 짓고 글씨도 쓰셨어. 그런 다음에 비석 위에다 글씨가 쓰인 창호지를 딱 붙였어. 석공이 그 글씨를 따라가며 비석에 새긴 거지.

아버지는 원체 글로 유명하셨어. 처음 비석(1938년 건립)은 우리 할아버님이 쓴 거고, 나중 비석(1968년 건립)은 우리 아버님이 쓴 거야.

지주인 논 임자들이 모여서 김광종 어르신의 뜻을 기리고자 답회를 결성했다고 전해오지. 몇십 년 전까지만 해도 답회에는 수감水監이라는 사람이 있었어.

수감은 말 그대로 물 감독하는 사람이야. 물이 귀하다 보니 논 주인들이 자기 욕심대로 물을 자기 논에만 끌어다 쓸 수 있잖아. 그러다가 싸움박질도 벌어지게 되고. 그런데 물 관리를 수감 책임하에 놓으면 오늘은

이 논, 다음 날에는 저 논, 이렇게 뱅뱅 돌아가며 전체 논에 고루 물을 댈 수 있었던 거지. 어떤 사람은 욕심이 있어서 밤중에 몰래 자기 논에만 물을 대는 사람도 간혹 있었어. 그러다 수감에게 들키면 동네사람들한테 찍혀 나쁜 사람이라고 욕을 먹곤 했지.

제주도에 이런 말이 있어요. 일 강정, 이 번내, 삼 도원. 화순이 일제강점기 이전에는 번내라고 불렸어. 왜 번내라고 했냐면 해수욕장이 번번하거든(넓고 빛났거든). 마을 이름이 번내인 거야. 사계沙溪 쪽은 검은질이라고 했고 덕수德修는 세당이라고 했어. 사계는 검은 모래가 있었고 덕수는 굿을 잘하니까 그렇게 불렀었는데 일제강점기 때 땅 이름들이 바뀌었지.

답주들이 모여서 논의 규모를 기준으로 해서 1년에 얼마씩 물세를 부담하기로 하고 이 물세를 수감이 걷었어. 수감이 맹탱이라고 하는 짚으로 된 바구니를 져서 오면 우리 어머니가 됫박으로 나록을 주곤 했지. 수감은 수확이 끝나서 잠잠하면 집마다 돌아다니면서 나록으로 물세를 받곤 했어. 어머니가 멍석을 펴서 나록을 널어놓는데 어차피 주어야 할 거 수감이 어서 와서 가져가면 말릴 양도 줄이고 좋겠다며 군소리하시는 걸 들은 적이 있어.

이렇게 공금이 생기고 공금 관리가 필요하다 보니 오래전부터 답주들 사이에 회장이 있고, 재무가 있고, 총무가 있었어.

회원은 우리 마을 사람만이 전부인 건 아니었어. 덕수

나 사계 등 외지 사람들 가운데 돈 많은 사람들이 논을 샀거든. 제사 때 쌀밥으로 메를 올리기 위해서였지. 돈 있는 사람들이 논을 샀고 답주가 된 것이지.
그런데 땅 주인이긴 하지만 거리상 밭에 오가기가 어려워서 여기 화순 사람들이 경작을 대신했어. 가을 즈음이 되면 추수한 쌀을 논 임자가 반 가져가고 경작인이 반 가져가는 식으로 각자 2분의 1씩 나눠가지는 것이지.
제주도는 새(띠)로 초가집을 짓는데, 산간 사람들이 새를 가져와서 짚으로 바꿔가기도 했어. 짚을 가져가야 멍석도 말고 맹탱이도 만들고 짚신도 삼을 수 있으니까. 짚으로 하는 게 굉장히 많잖아.
우리 집도 논이 800평 있었어. 어머니는 솥에 넣은 보리쌀이 보글보글 끓으면 그 한 옆에 보리쌀과 섞이지 않게 쌀을 조심스레 넣어 밥을 했지. 이걸 제주에서는 반지기라고 하지.
그런데 경작인은 논농사도 논농사이지만 수확기가 되면 며칠 동안 논 주인들 숙식도 제공해야 하고 몰고 온 소도 먹이를 주어야 하기 때문에 참 그렇게 힘들 수가 없었던 거야. 외방에서 온 답주측 사람들도 힘든 것은 마찬가지였어. 탈곡을 한 번에 할 수 없어서 그걸 나눠서 가져가려면 며칠간 이 화순 마을에 살아야 했으니까.
워낙 통행이나 관리가 불편하다 보니까 세월이 흐르면서 논 주인들이 하나씩 하나씩 논을 팔기 시작했고

이 논들을 논 가까이에 있는 마을 사람들이 사 갔지. 논을 팔 때도 당시엔 평수로 안 팔았어. 한 섬지기, 두 섬지기 이렇게 얘기들 하곤 했지. 한 섬지기라고 하면 소출로 기준 삼았는데 제주도는 열닷 말이 한 섬지기야. 넉 되가 한 말이고. 풍작, 흉작은 제외한 평년작 기준으로 약 50평을 한 섬 정도의 소출이 난다고 쳤지. 지금은 논이 밭으로 다 바뀌었어. 하지만 도채비빌레에는 두 기의 비석이 아직도 서 있고 사람들이 다닐 수 있도록 나무 계단이 설치되어 있지.

몇 년 전 8월 추석에 서울에서 자녀들이 내려왔을 때 도채비빌레에 데려가서 "이 비석의 글이 증조할아버지가 쓰신 거고 저 비석의 글이 할아버지가 쓰신 거다. 참고로 알아둬라"고 했어. 자녀들은 별 관심 없는 듯 그런가 보다 하는 표정으로 무심히 듣더라고.

그런데 작년엔가 우리 큰아들이 왔는데 집에 없어서 어딜 갔나 했어. 그러다가 나중에 들어오길래 궁금해서 알아봤더니 아이들 데리고 거길 다녀왔더라고.

지윤창 님은 "우리 아버지, 할아버지가 비문을 썼다는 사실에 보람을 느끼고 우리 선조들이 남다른 사람이라는 사실에 자부심이 생긴다"며 웃음을 지었다.

인터뷰_김광종 어르신의 5세손 김창진 님

"두 가지의 기적을 안겨 준
김광종 할아버님"

제주도 제주시 용담동에 살고 있는 김창진金昌辰 (1934~) 님은 김광종 어르신의 5세손이다. (비석에는 6대손으로 되어 있는데 6대에 해당하는 자손이라는 의미로 이해하는 게 좋을 듯 싶다.)

그는 1968년에 세워진 한글 비석을 제안한 주인공이기도 하다. 푸른 바다와 불과 10미터 남짓 떨어진 아파트에 살고 있다.

그래서일까. 전화를 받고 걸어 나오는 모습이 망백望百의 나이치고는 너무나 정정하다.

김창진 님

그를 만나 김광종 어르신에 대한 이야기를 들을 수 있었다.

서귀포시 안덕면 화순리에 사는 사람들은 옛날에 논농사를 지을 수가 없었습니다. 그래서 일찍이 바위를 깎고 물을 끌어들이는 방법을 개발해 농사를 지었는데 그 최초의 관개농업 개척자가 바로 저희 5대조 할아버지 김광종金光宗 할아버님이십니다.
도채비빌레에 그분의 공덕을 기리기 위한 비가 세워져 있는데, 제가 아버지와 함께 화순리에 가서 비석을 봤어요. 그런데 비문이 한문으로 되어 있었어요.

"아버지. 비문이 한자로 되어있어 사람들이 무슨 내용인지 알 수 없을 것 같습니다. 저도 읽기가 어렵습니다"

당시 저는 아버지에게 비용은 제가 부담할 테니 한글 비석을 세워 달라고 부탁했습니다. 제 말을 들은 아버지는 화순리답회 회원들과 마을 사람들과 상의하신 끝에 드디어 한글 비석을 세우게 되었어요. 지금 도채비 동산에 올라가면 한문 비 말고도 이때 세운 한글 비가 있습니다.
김광종 할아버님이 수로공사를 진척시키던 과정에서 전해 내려오는 일화도 있습니다. 마을 사람들이 논을 만들겠다며 허구헌 날 망치와 정, 곡갱이로 암벽을 깎아내고 돌을 쪼개고 있으니 이를 보다 못한 마을 사람들과 여기를 지나가는 사람들이 대부분 황당무계한 일이라며 그만두라고 충고를 했다고 합니다. 그러면 김광종 할아버님은 그 사람들에게 "뭘 구경하러 왔느냐, 가는 길이나 가라"고 호통을 치셨다고 해요.

그런데 더러는 안쓰러운 마음과 더불어 "그 누구도 엄두를 내질 못하는 이 공사가 성공하면 후세에 길이길이 남을 업적이 되겠다"며 격려를 아끼지 않았다고 합니다. 이들에게는 나그네의 취향에 따라서 소주를 마시는 이에게는 돼지고기 안주를, 청주를 마시는 이에게는 쇠고기 안주를 내놓았다고 합니다.

어쨌든 김광종 할아버님은 10여 년간 고군분투한 끝에 마침내 버려지다시피한 들판을 옥답으로 만드셨습니다. 제주도의 작은 마을에 기적이 일어난 셈입니다. 이 덕분에 안덕면 화순리 사람들과 인근 마을 사람들은 벼농사를 지을 수 있어 제삿날에는 쌀밥으로 메(제사상에 올리는 밥)를 올려 조상을 모실 수 있었습니다. 이들 가족들 또한 하얀 쌀밥을 나눠 먹으며 행복감에 젖을 수 있게 된 것이죠.

이러한 업적으로 김광종 할아버님은 '논 하르방' '곤밥하르방'으로 불리게 됩니다. 그런데 제가 가장 가슴 아프게 여기는 일은 할아버지가 모략을 당한 일입니다. 당시 관청에 드나들던 누군가가 "김광종이 논을 만들어준 대가로 절반을 가져간다"는 식으로 모함을 한 것입니다. 그 진위를 조사하기 위해 제주 목사가 관덕정을 출발해 화순에 도착했지만 거리가 먼 탓에 해가 이미 뉘엿뉘엿 지기 시작했을 무렵이었다고 합니다.

목사가 서둘러 논을 찾아가려고 하자 일부 사람들이 환영회라는 성격으로 진수성찬을 차려 놓고 "언덕에서도 논이 보이니 굳이 거기까지 가지 않으셔도 됩니다"라며 발길을 돌리게 했다고 하지요. 결국 현장 조사는 이뤄지지 않았고 진실은 밝혀지지 않은 채 모략이 굳어져 할아버님은 피해자가 되고 말았습니다.

저도 수년간 공직에 몸담았지만, 공무원이란 모름지기 현장을 철저히 확인하고 진실을 규명해야 할 책무가 있습니다. 그 당시 제주 목사는 일부 사람들의 말과 접대에 흔들려 공직자의 본분을 저버린 것입니다. 공직자가 바르게 일하지 않으면 반드시 누군가는 피해를 보게 됩니다. 이러한 잘못된 행정의 피해자가 저희 할아버님이 된 것입니다.

저는 그런 할아버님을 생각하며 '내가 공무원이 되면 억울한 일을 당한 사람이 없게 하겠다'는 다짐을 여러 번 했습니다.

또 하나 안타까운 일은 인근에 발전소가 생기면서 어렵게 일군 논의 많은 면적이 부지로 수용되어 버리고 쌀농사의 수익성마저 떨어지면서 사람들이 논을 하나둘씩 포기하게 되었다는 사실입니다. 논은 메말라갔고 황금들판의 옛 모습을 더는 볼 수 없게 되었습니다. 이런 상황이 되도록 내버려둘 것이 아니라, 김광종 어르신의 개척정신과 이웃사랑을 기억하고 이어가려는 노력이 뒤따라야 했었습니다.
제주시 건입동에 가면 거상 김만덕을 기리는 기념관이 있습니다. 여인의 몸으로 무역상을 하며 번 돈으로 굶주림에 허덕이던 백성들을 구해낸 인물입니다. 이와 마찬가지로, 김광종 할아버님께서 제주 최초로 인공 수로를 만들고 개답開畓을 실현해 이웃들이 쌀밥을 먹을 수 있도록 한 사실 또한 반드시 재조명되어야 한다고 생각합니다.

김창진 님이 얼굴 한 번 보지 못한 5대조 김광종 할아버님에 대한 애정은 각별하다. 김창진 님이 쓴 자서전 형태의 문집 〈숨겨진 진실〉(나라출판 간)에 그 '사적인' 이유가 있다.

> 나에겐 특히 할아버지와 관계되는 체험적인 일화가 있다. 나는 우리 가문의 장손인데 계속 딸만을 낳아가자 조부모님과 부모님은 늘 대代를 이을 손자가 태어나기를 기원하면서 10년 가까이 용하다는 점술가들을 두루 찾아 다녔다. 마지막으로 찾아간 한 점술가는 조상 중에 쇠뭉치 소리와 관련된 조상 한 분이 있는데 그 조상님에게 정성을 다하여 기원을 드리면 아들이 태어날 것이라고 예언을 한 것이 아닌가. 그 후 부모

님은 택일을 하여 서울에 사는 나를 불렀다. 나는 아버지와 고모부님(강자유 씨, 저지리 노인회장) 그리고 점술가 두 분과 같이 저지리 집에서 밤 12시를 전후해서 할아버지의 영혼이 감도는 도채비 동산을 찾았다. 그날따라 밤하늘에는 구름 한 점 없이 맑고 무수한 별들이 어두운 길을 밝혀주었다. 아버지와 심방은 6대 조부님의 공덕비 앞에서 온 정성을 다하여 손자가 태어나게 해달라는 축문을 읽으며 기도를 올리기 시작했다. 고요하고 거룩한 밤, 졸졸 흐르는 냇물소리만이 들렸다. 한참 지났을 무렵 저 산비탈 숲속에서 꿩 우는 소리가 갑자기 들리면서 몸서리가 처지는 것이 아닌가! 아니 제를 올리는 이 엄숙한 순간에 꿩이 울다니. 어쩐지 불길한 예감이 머리를 스치고 지나갔다. 그러나 아버지와 심방은 아랑곳하지 않고 계속 온 정성을 다하여 제를 올렸다.

제를 다 지낸 후 나는 아버지께 꿩이 울었다고 말씀드렸다. 아버지는 그것이 사실이냐고 기뻐하면서 몇 번이고 되물으셨다. 옆에 계시던 고모부님도 그 소리를 들었다고 하시자 참 신기하다면서 할아버지 영혼이 이 후손의 소원을 들어주시는 징후 같다고 하셨다. 그때 심방도 내 나이 40세 때 생남할 것이니 두고 보라며 장담하는 것이 아닌가! 그런 후 우리 부부는 기나긴 꿈을 안고 5년을 기다린 끝에 내 나이 40세 들어 지금의 외아들 起煥을 낳았으니 정말 신기한 일이 아닐 수 없다.

인터뷰가 끝나갈 무렵 김창진 님은 김광종 어르신에 대해 다음과 같이 말했다.

"김광종 할아버님은 두 가지 기적을 주셨다고 봅니다. 화순과 인근 사람들에게는 쌀밥을 먹을 수 있는 기적이 일어나게 하셨고 저에게는 대를 이을 아들을 얻는 기적이 일어나게 해 주셨습니다."

홍순만 칼럼(1978년 10월 12일 자 제주신문)

10년간 대역사大役事 · · ·
산 뚫고 바위 깎아 논밭 일궈

김광종 어르신의 이야기는 〈제주신문〉에 상세하게 소개되어 있다.

1978년 10월 12일 자 〈제주신문〉 3면에는 김광종 어르신의 개척기념비를 다룬 기획연재물이 실려 있다.

"산을 뚫고 바위 깎아 논밭 일군 開拓精神개척정신"이라는 제목 아래 "비웃음 속에 10년간 大役事대역사" "안덕 황개천바위 뚫으며 몇 차례 실패에도 오뚝이처럼 일어나"라는 부제가 달려 있다.

필자는 〈삼별초의 항쟁사〉 〈서복집단과 제주도〉를

집필한 고故 홍순만 제주문화원장(1929~2009)이다.

평소 제주 지역사에 관심이 많았던 그는 1978년 3월 15일부터 이듬해 2월 16일까지 제주신문에 碑비를 테마로 총 38편을 연재했다. 김광종 어르신의 개척기념비는 1978년 10월 12일 28편에서 다뤄졌다.

향토사가와 언론인으로도 활동했던 홍순만 원장은 2009년 작고했다. 하지만 1968년 한글 비가 세워진 지 10년만인 1978년에 그가 남긴 칼럼은 김광종 어르신의 삶을 생생하게 증언하며 후대들에게 관개수로 개척의 의미와 가치를 전하고 있다.

홍순만 칼럼(1978년 10월 12일 자 제주신문)

홍 원장은 칼럼에서 "오늘날 우리가 선조의 위업을 찾고 그 얼을 기리려는 마당에 김광종의 이 위대한 업적이 그대로 가려져 있다는 것은 이상한 일"이라며 "지금 화순천 언덕에 세워진 조그만 빗돌에는 그의 업적이 새겨져 있지만 누구도 눈길을 돌리지는 않는다"고 안타까워 했다.

이 칼럼에서 홍 원장은 "그의 행적에 대하여는 좀 더 소상한 연구와 조사가 있어야 할 것으로 생각된다"고 밝히고 있다.

그의 기고문 '산을 뚫고 바위 깎아 논밭 일군 개척정신'의 일부를 소개한다.

> 적어도 수리공사를 통하여 관개사업을 벌인 것은 제주도의 역사기록으로는 이것이 처음으로 보인다. 따라서 김광종의 이 관개사업을 제주도에 있어서는 여러 가지 측면에서 매우 중요한 의미를 지닌다고 하겠다.
> 첫째는, 물을 당겨 논농사를 짓는다는 것은 거의 불가능한 것으로 생각되었던 제주도에서 그 가능성을 제시했고 제주도의 산업발전과정에서 빼놓을 수 없는 한 전기를 그어 놓았다는 점이다.
>
> -중략-
>
> 다음은 제주도민의 개척정신과 불굴의 강인한 정신력을 실증하여 준 것이다. 이웃의 모멸과 외면에 개의치 않고 10년 동안이나 바위와 싸우고 거듭된 실패에도 좌절하지 않고 끝끝내 승리를 거둔 투지는 제주도민의

정신을 잘 표현하여 준 교훈이 되었다고 할 수 있다.

또 하나는 제주도의 역사상 관개 개답의 첫 기록으로 나타난 사실은 비단 농업사 연구뿐 아니라 여러 분야의 연구에 소중한 자료가 될 수 있다는 것이다. 따라서 그의 행적에 대하여는 좀 더 소상한 연구와 조사가 있어야 할 것으로 생각된다.

오늘날 우리가 선조의 위업을 찾고 그 얼을 기리려는 마당에 김광종의 이 위대한 업적이 그대로 가려져 있다는 것은 이상한 일이다. 지금 화순천 언덕에 세워진 조그만 빗돌에는 그의 업적이 새겨져 있지만 누구도 눈길을 돌리지는 않는다. 비록 그가 한 일이 어느 한 마을의 논밭을 일군 일에 지나지 않는다 할지라도 그는 이 땅에 한 역사를 창조하고 불멸의 기념비를 세운 것만은 분명하다.

부록_김광종 가계도 家系圖

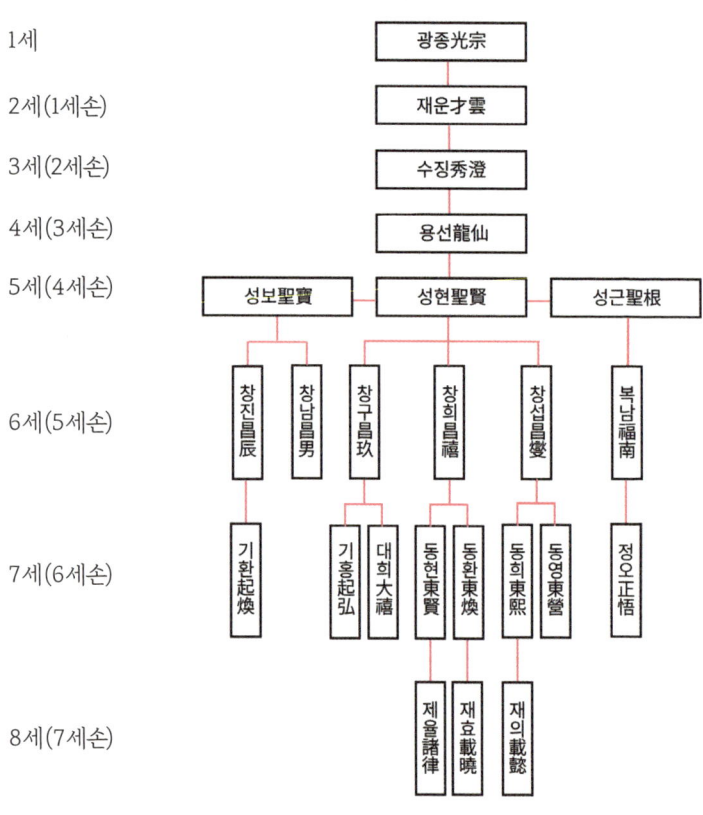

170 김광종 곤밥하르방

김광종 어르신을 기준으로 가계家系는 1세손 재운, 2세손 수징, 3세손 용선을 거쳐 4세손 성보에 이른다. 증손曾孫인 김용선 님은 김광종영세불망비 한문 비를, 현손玄孫인 김성보 님은 아들인 김창진 님의 제안을 받아들여 김광종영세불망비 한글 비를 세우는데 힘썼다. 김광종 어르신의 내손來孫인 김창진 님은 이후 경기도 안산시장과 제주시장을 역임했다. 안산시 관선 시장 시절에는 소형 오토바이를 손수 몰고 다니며 지역의 애로 사항을 경청하고 행정에 반영하기도 해 전국에 이슈가 되기도 했다.

같은 항렬인 김창희 님은 제주대 경영학과를 졸업한 뒤 1982년 현대차에 입사해 최단기 이사 승진에 이어 그룹 부회장에까지 오르는 등 '샐러리맨 신화'를 쓰며 제주사랑과 모교 사랑을 몸소 실천한 인물로 알려져 있다. 제주대 명예경영학 박사 학위를 받았으며 석좌교수와 제주대 한림원 회원으로도 활동했다. 현대자동차그룹 재직시부터 퇴직 후까지 장학금을 기부하는 등 모교 사랑을 몸소 실천했다. 제주대는 그의 이런 뜻을 기리기 위해 경상대학 2호관 0262호 강의실을 '김창희 BMI 세미나실'로 명명했다. 특히, 2023년에는 제주특별자치도 문화상을 수상했다. 현재 자동차 부품 중견 제조업체인 (주)비엠아이 대표이사 회장으로 일하고 있다.

김광종 어르신이 바위를 뚫고 수로를 개척했듯이, 후손들도 현실의 벽을 넘으며 새로운 세상을 만들어 가고 있다. 김광종 어르신의 희생과 덕이 헛되지 않게 한 세기가 넘으면서 후손의 성공과 번창으로 돌아오는 듯하다.

【참고문헌】

강문철. (2022년 1월 13일). 도심 속의 수로. 삼다일보. https://www.samdailbo.com/news/articleView.html?idxno=176272

강상돈. (2025년 6월 15일). [강상돈의 기묘한 제주의 바위이야기](9) 창고천의 수호신 장군바위뉴스라인제주. http://www.newslinejeju.com/news/articleView.html?idxno=119102

강정효. (2016년 7월 19일). 바위를 뚫어 벼농사를 짓다…제주의 관개수로. 한국일보. https://www.hankookilbo.com/News/Read/201607191148941067

고창석. (2025년 6월 23일). 조선시대 역사. 제주도. https://www.jeju.go.kr/culture/history/period/period04.htm

국가농식품통계서비스-농경지 면적(https://kass.mafra.go.kr/statHtml/statHtml.do?mode=tab&orgId=114&tblId=DT_114917_B003)(검색일: (2025년 6월 21일).)

김광종영세불망비. (2025). 디지털서귀포문화대전. https://seogwipo.grandculture.net/seogwipo/toc/GC04600612

김영돈. (1965). 〈濟州島民謠研究(上)〉. 일조각.

김찬흡. (2002). 제주사인명사전. 제주문화원

김창집. (2022년 3월 28일). '눈·귀·입' 즐거운 코스서 서귀포 '자연·문화·역사' 마주하다. 삼다일보. https://www.samdailbo.com/news/articleView.html?idxno=180443

남제주군. (1992). 南濟州의 文化遺蹟. 남제주군.

목사 이형상의 순력 기록화, 제주 문화가 담기다. (2025). 우리역사넷. https://contents.history.go.kr/mobile/kc/view.do?levelId=kc_r300845

문영택. (2023년 5월 31일). 김광종 곤밥하르방을 아시나요?. 병원 매거진 한라병원. https://jhhospital.tistory.com/m/3181

박근희. (2024년 3월 16일). 저지리 예술 투어하고 저지오름 오르고… '제주시 뉴저지'를 아시나요?. 조선일보. https://www.chosun.com/national/weekend/2024/03/16/U5HE7TE3ZFAS5MMUPK2WPCSATQ/?utm_source=naver&utm_medium=referral&utm_campaign=naver-news

백승기. (2024년 1월 14일). 제주 거상 김만덕이 환생한다면. 제주일보. https://www.jejunews.com/news/articleView.html?idxno=2208075

변지철. (2024년 9월 22일). [다시! 제주문화](93) "매매 날개보다 얇다!"…수공예 정점 관모공예. 연합뉴스. https://www.yna.co.kr/view/AKR20240920064700056?input=1195m

신정익. (2009년 8월 17일). 제주지역 밭벼 '산디'재배면적 급증. 제주일보. https://www.jejunews.com/news/articleView.html?idxno=377307

저지리. (2025). 디지털제주문화대전. https://www.grandculture.net/jeju/toc/GC00710451

제주도. (1998). 濟州의 文化財. 제주도.

제주특별자치도 자료실-농축산식품현황.(https://www.jeju.go.kr/news/news/data.htm?act=view&seq=1007710)
(검색일: 2025년 6월 21일)

조성윤. (2005). 조선시대 제주도 인구의 변화 추이. 탐라문화 제26호.

조환진. (2023년 11월 11일). 80세 은퇴 돌챙이 장인의 조언 "무작정 말고 잘 한 것 보며 생각하면서. 제주의소리. https://www.jejusori.net/news/articleView.html?idxno=420957

질토래비. (2021년 8월 3일). 그림 같은 풍경 속에 숨겨진 신비로운 이야기. 제주일보. https://www.jejunews.com/news/articleView.html?idxno=2184540

현영종. (2024년 2월 27일). 제주지역 경지면적 2015년 이후 9년째 감소세. 한라일보. https://www.ihalla.com/read.php3?aid=1709015987753871010

화순리(http://www.hwasunri.com/intro.php)(검색일: 2025년 6월 21일)

화순리지편찬위원회. (2001). 和順里誌. 화순리

논이 바다 앞까지 끝없이 펼쳐졌던 황개천 인근 평야.
당시 황금 들판이 펼쳐졌던 모습을 생성형 AI(인공지능)를 이용해 그려봤다.

· 기획 **김창희**

신입사원에서 대기업 CEO까지 올라 '샐러리맨의 신화'를 쓴 전문 경영인이다. 제주 출신으로 1982년 현대자동차에 입사해 신입사원에서 12년 만에 이사로 최단기 승진에 이어 현대자동차그룹 부회장(현대자동차 사장, 현대엠코 대표이사 부회장, 해비치호텔앤리조트 대표이사 부회장, 현대건설 대표이사 부회장)을 역임했다. 글로벌 경영자로서 싱가포르 해양 유류저장고, 아랍에미리트 원자력 발전소, 사우디아라비아 화력발전소 건설에도 참여했다.
제주도양궁협회장을 비롯 서울제주특별자치도민회장, 재외제주도민회총연합회장, 재외제주경제인총연합회장, 서울제주도민회장학회 이사장 등을 역임했고, 2023년 제주특별자치도문화상을 수상했다. 제주대 명예경영학 박사 학위를 받았으며 후학 양성을 위해서도 꾸준히 노력해 이에 대한 보답으로 제주대는 '김창희 BMI 세미나실'을 개관했다. 현재 자동차 부품기업 (주)비엠아이 대표이사 회장으로 제2의 인생을 열고 있다.

· 집필 **강민철**

제주에서 태어나 오름과 바다를 벗 삼아 자랐다. 스무 살에 서울로 올라와 대학을 다녔으며, 30년 넘게 표준어를 익혔지만 가끔 제주어가 튀어나온다.
<제민일보> 기자와 월간 <우리문화> 편집장을 거쳐 홍보회사 겸 출판사 ㈜컬처플러스 대표이사로 국가문화유산과 문화관광축제, 갤러리 및 문화예술인, 중소기업 등 다양한 홍보를 대행했다. 그런 한편 20여 년 넘게 출판기획자로 수십 종의 책과 잡지, 사사 등을 기획해 왔다. 저서로는 대학생들을 위한 취업 가이드 <회사 바로 들어가기, 돌아 들어가기>와 제주의 진정한 아름다움을 전하는 <올레감수광> 등이 있다. 최근에는 우리 주변의 '작은 영웅'들에 관한 이야기를 한 권의 책으로 엮는 데 관심을 갖고 있다.